本书出版得到了以下项目的资助

湖南省社会科学基金项目——"互联网＋"环境下的生鲜农产品冷链物流体系构建及其实现路径研究(No. 16YBA316)；教育部人文社会科学研究项目——冷链物流网络规划设计与策略优化研究(No. 18YJCZH192)

生鲜农产品冷链物流系统演化及集成优化问题研究

李康 伍大清 / 著

立信会计出版社
LIXIN ACCOUNTING PUBLISHING HOUSE

图书在版编目(CIP)数据

生鲜农产品冷链物流系统演化及集成优化问题研究 /
李康,伍大清著. —上海:立信会计出版社,2021.7
(序伦财经文库)
ISBN 978 - 7 - 5429 - 6902 - 6

Ⅰ. ①生… Ⅱ. ①李… ②伍… Ⅲ. ①农产品-冷冻
食品-物流管理-研究-中国 Ⅳ. ①F252.8

中国版本图书馆 CIP 数据核字(2021)第 156155 号

责任编辑　　陈　旻

生鲜农产品冷链物流系统演化及集成优化问题研究

SHENGXIAN NONGCHANPIN LENGLIAN WULIU XITONG YANHUA JI JICHENG YOUHUA WENTI YANJIU

出版发行	立信会计出版社				
地　　址	上海市中山西路 2230 号		邮政编码	200235	
电　　话	(021)64411389		传　　真	(021)64411325	
网　　址	www.lixinaph.com		电子邮箱	lixinaph2019@126.com	
网上书店	http://lixin.jd.com		http://lxkjcbs.tmall.com		
经　　销	各地新华书店				

印　　刷	苏州市古得堡数码印刷有限公司				
开　　本	710 毫米×1000 毫米	1/16			
印　　张	11.75		插　　页	1	
字　　数	180 千字				
版　　次	2021 年 7 月第 1 版				
印　　次	2021 年 7 月第 1 次				
书　　号	ISBN 978 - 7 - 5429 - 6902 - 6/F				
定　　价	58.00 元				

前　言

近年来，随着国民收入的不断增加，人们对生鲜农产品的消费需求也逐渐提高。但我国各地生鲜农产品需求的不确定性及冷链物流网络发展的不均衡性，促使我国生鲜农产品流通模式呈现出多样化的特点。相对于传统农产品的流通模式，生鲜农产品电商、产地直供等新兴流通模式弱化了时间、空间对生鲜农产品流通模式的束缚，精简了生鲜农产品供应链环节，并依托互联网平台建立起了产、供、销的信息链。在这样的背景下，生鲜农产品企业要想降低损耗、提升消费者的用户体验，必须依托可控的冷链物流系统。冷链物流系统包括上游、中游、下游相关企业的所有作业环节，并要确保这些环节时刻处在低温环境下，这就给相关管理者做出合理的决策提出了挑战。所涉及的决策系统包括战略层次的选址决策、策略层次的库存决策及操作层次的配送决策。由于各环节任何一方面决策的变动都会影响到其他方面，这一现象也被称为"效益背反"（trade-off），因此，在冷链物流企业的具体运营管理中需要对这些因素进行综合考虑，以便更有效地优化物流网络。

本书基于我国生鲜农产品生产经营方式、冷链物流技术、社会空间结构等现状，从冷链物流服务企业的发展需求出发，对我国冷链物流系统演化及集成优化问题进行了研究。

首先，采用文献资料法深入分析了国内外关于冷链物流的研究成果，总结了研究现状；对冷链物流网络的相关概念进行了辨析，梳理了相关知识点。

其次,对我国生鲜农产品冷链物流系统演化过程进行了分析,基于要素、结构及功能描述了生鲜农产品冷链物流系统的构成。在此基础上结合我国生鲜农产品物流发展的特点及自组织理论,从自组织演化前提、诱因和动力三个方面阐述了我国生鲜农产品冷链物流系统演化的过程,提出了我国生鲜农产品冷链物流未来演化的趋势。

最后,研究了生鲜农产品冷链物流网络集成优化问题。分别构建了随机需求背景下、考虑时间窗约束条件下及考虑碳排放的多目标优化问题模型,设计改进了相应的多目标优化算法对其进行了求解,并结合实例通过计算机仿真技术验证了模型的有效性及算法的可行性。

本书是在李康的博士论文的基础上修改而成的,由李康和伍大清共著并负责本书的总体构思、统稿和总纂。本书共分为7章,其中第1、2章由李康和伍大清共同完成,第3章由伍大清完成,第4、5、6章由李康完成,第7章由李康和伍大清共同完成。另外,郑建国教授对本书的内容及算法进行了指导。

为撰写好本书,作者深入企业调研,企业管理者、操作工人等给我们提供了许多宝贵的数据及建议,为此我们表示衷心的感谢。同时,立信会计出版社编辑们的认真编辑及大力支持,使本书得以面世,对此我们表示诚挚的谢意。本书在撰写过程中参考了国内外学者们大量的研究成果,在此我们对这些学者一并表示感谢。

本书适合作为供应链管理、物流管理等方向的高校本科生及研究生的参考书籍,也适合冷链物流行业从业者们学习参考。

由于近年来我国冷链物流业发展迅速,冷链技术不断进步,各地政府对冷链物流网络的规划日益重视,所涉及的冷链物流信息及数据不断更新,因此书中难免存在不足之处,恳请读者及专家们不吝赐教。

李　康

2021 年 6 月

目　　录

1 绪　　论

1.1 研究背景

生鲜农产品的生产往往受到季节性与地域性的影响,而且由于生鲜农产品具有易腐变质的特性,这就决定了该类产品自采摘或捕捞后的预冷、加工、包装、仓储、配送、销售等所有环节都要始终保持在低温环境中,并要求在各个环节间迅速流动,从而才有利于保障该产品的质量安全。由此可见,生鲜农产品的时空差异是其交换以及物流产生的根源。冷链(cold chain)作为生鲜农产品流通的物流系统,它是根据不同原材料或产品的特性,为保障它们的品质及质量安全而采用的从生产到消费的全过程始终处于低温控制系统的物流网络[1]。随着我国生鲜农产品生产和消费的不断增加,冷链物流行业的发展得到了各级政府部门及组织的支持。2010 年 6 月 18 日,国家发展和改革委员会出台了《农产品冷链物流发展规划》,并指出到 2015 年建成一批运转高效、规模化、现代化的跨区域冷链物流配送中心。2015 年 10 月 1 日起实施的《中华人民共和国食品安全法》更是明确指出了食品运输要求及标准,这在一定程度上为冷链物流行业的发展提供了保障,但也同时提出了相应的规范标准。2016 年"中央一号文件"提出要加大改革创新力度加快农业现代化建设,其中很重要的一条就是狠抓农产品流通环节,推进电商与实体流通相结合,对接直销,这为解决农民"卖难",居民"买贵"的现象提供了新的思路。但是由于我国冷链物流体系建设晚于欧美发达国家,部分地区的冷链设备相对匮乏,冷链物流管理相对落后,"断链"现象经常发生。由此产生的物流不畅、价值损耗严重、质量安全及物流成本过高等问题已经成为制约我国农村经济快速发展和影响农产品国际竞争力的主要"瓶颈"。据中国物流与采购联合会2015年发布的数据显示,我国农产品的物流成本占产品总成本的25%～35%,鲜活农产品更是达到45%以上,而英国、德国、美国、日本等发达国家的物流成本一般控制在10%左右[2]。我国生鲜农产品在采摘或捕捞、存储、运输及配送等环节上的腐损率在20%～25%,仅果蔬一项,每年造成的各类损耗之和达到千亿元,而部分发达国家冷链产品的腐损率一般可以控制在5%以下[2]。随着人们生活水平的提高,对生鲜农产品的需求及对质量的要求也随之增高,"无污染、安全、优质"的绿色农产品日益成为消费者的首选,发展绿色农产品已经成为我国农业的必然选择,这些都对生鲜农产品冷链物流的运营与管理提出了更高的要求。该管理系统不仅应包括上游、中游、下游相关企业的所有作业环节,而且还要确保这些环节时刻处在低温环境下,这就对相关管理者决策的合理性提出了挑战;所涉及的决策系统包括战略层次的选址决策、战术层次的库存决策及作业层次的配送决策。一个高效率的生鲜农产品冷链物流网络必然受到冷链物流中设施的类型、数量与位置等因素的影响,而不同类型产品的库存策略则依赖于一个合适的产品配送方式及车辆路径安排[3]。物流服务过程中的配送中心选址、库存控制及车辆路径安排环节间存在着紧密的联系,而且任何一方面决策的变动都会影响到其他两个方面;它们之间存在着一定的"效益背反"(trade-off)关系,这一现象不仅增加了冷链物流企业的管理难度,更增加了许多不确定性因素,因此需要综合考虑这些因素,对其进行系统性的优化。冷链物流网络优化的目标是通过合理运用冷链设备进行生鲜农产品的运输及仓储服务,在维持或优化客户服务水平的前提下,减少产品的损耗,防止产品的变质及污染,尽可能地降低运营及管理成本等。配送中心选址、库存控制及车辆路径安排不仅是冷链物流网络优化的重要组成部分,更成为降低生鲜农产品成本的重要途径,即"第三利润源泉"。随着第三方物流及第四方物流的发展,通过建立专业的冷链物流服务企业,利用信息技术对整个冷链体系进行智能化管理,根据生鲜农产品的特性提供针对性的整体解决方案及其他增值性服务已经成为冷链物流发展的趋势。随着云计算、物联网及大数据在冷链物流领域的不断应用以及人工智能技术的发展,顾客在商品选择、订单处理、下单、支付、收取货物等环节的技术日益成熟,为构建一体化、集约化、多层次及智能化的冷链物流网络系统提供了机遇及保障。

本研究结合我国生鲜农产品生产经营方式、冷链物流技术及社会空间结构等,探究我国生鲜农产品冷链物流系统演化过程,并以此为基础重点研究生鲜农产品冷链物流网络集成优化问题;研究第三方冷链物流服务企业在服务过程中存在的主要问题,总结影响其可持续发展的主要因素及作业机理;在分析冷链物流配送中心选址、库存控制及车辆路径安排的基础上,构建有针对性的集成优化模型,并设计改进相应的算法对其进行求解。

本研究的理论意义及应用价值,主要体现在以下几个方面:

(1)首先,我国冷链物流起步较晚,与西方发达国家存在着一定的差距;其次,我国地域辽阔,东西部地区冷链物流系统的发展极不平衡,东部一线城市冷链物流发展较快,中西部相对较慢;再加上我国农产品生产的地域性及季节性等因素,需要完善的农产品冷链物流系统进行保障。在这样的背景下研究冷链物流系统演化问题就显得非常必要,通过本研究可以全面了解我国形成的统购统销、议购议销、市场化流通等多种典型模式,并熟悉随着现代科学技术的应用,冷链物流系统的未来发展趋势。通过本研究可以系统地把握我国生鲜农产品冷链物流系统发展的演化过程、规律及特征,系统地揭示其演化的内在规律及制约因素,更客观地把握其发展现状,有利于丰富相关理论体系,并为相关行政部门制定冷链物流发展规划提供参考。

(2)冷链物流网络优化是围绕客户服务目标对配送中心选址、车辆路径安排及库存控制进行的决策,在传统的管理模式下,这三个核心环节是分别进行决策的,冷链物流的服务过程被人为地分割成独立的部分。随着研究的不断深入,很多学者认识到它们间存在着密切的联系,在这样的背景下,冷链物流多目标优化管理决策问题日益成为行业与学术界关注的热点问题。配送中心选址、车辆路径安排及库存控制问题作为当前物流运营与管理的关键技术和核心问题之一,是对物流网络单个环节及两两环节多目标优化问题的进一步发展与延伸。对于此类问题的研究将深化冷链物流网络优化领域的研究工作,有利于丰富相关问题的研究理论与方法,进一步拓展生鲜农产品流通环节的研究范围及深度。

(3)考虑生鲜农产品价值损耗及客户服务时间窗条件的冷链物流网络多目标优化问题研究,结合了生鲜农产品的易腐变质特性及消费者消费的时变性需求特点。企业在面对客户的多样化需求、交通状况复杂以及不同车辆类型等情况时,需要通过选择合适的物流网络优化模式来化解冷链物流各节点的设置、规划、管理及协调等问题。通过对该类问题的深入分析,有利于加快第三方物流企业对客户需求的响应速度,提高客户对冷链物流服务的满意度等。相关研究成果将为第三方冷链物流企业优化物流网络设置及布局提供方法,为配送中心选址、库存控制、车辆路径安排等环节提供决策支持工具,为实现企业多目标优化管理提供设计思路及理论支持,同时,为政府或管理部门制定相应的食品质量安全策略及冷链物流运营规章提供参考。

(4)生鲜农产品冷链物流环节的碳排放不仅包括车辆行驶时产生的排碳量,还包括为了维持低温环境状态相关冷冻设备产生的碳排放等。其一方面会造成环境污染现象加重,另一方面还会因相关碳税政策的实施增加企业的运营成本。因此,需要结合国家实施的相关碳排放政策及冷链物流企业的特点对此类问题进行系统分析。此类研究可以为政府部门推行"低碳物流"发展提供决策支持,有利于企业降低运营成本,实现企业的绿色管理,从而实现经济、环境及社会的共同发展,同时为加快建设"资源节约型,环境友好型"社会提供依据。

综上所述,通过合理运用冷链设备进行生鲜农产品的运输及仓储服务,在维持或优化客户服务水平的前提下,可以减少产品的损耗,防止产品的变质及污染,尽可能地降低企业的运营及管理成本,并且为新时期我国生鲜农产品冷链物流的发展指明方向,提高资源配置的合理性及有效性。从而为加快我国农业现代化建设提供有针对性的发展对策,为促进农民增收提供新的思路,为保障人们的食品质量安全提供合理建议。

1.2 文 献 综 述

1.2.1 国内外冷链物流系统演化研究综述

物流是一个系统,是在一定的时间和空间里,由物流诸环节及涉及的物品、信息、设施、人员等相互联系、相互制约的要素组成的具有特定功能的有机整体,具备系统的要素、结构和功能三个必备条件。关于物流系统的要素构成最主要的观点有以下两个。一个是何明珂主张的物流系统要素可以分为流动要素、资源要素和网络要素,其中,流动要素又可以进一步分解为流体、载体、流向、流量、流程、流速和流效七个方面;资源要素主要是指运输资源和存储资源;网络要素可以分解为节点和线路[4]。另一个是夏春玉、王之泰提出的物流系统要素包括一般要素、物质基础要素、功能要素和支撑要素[5]。物流系统结构主要是指物流系统要素在时间和空间两个维度的相互作用下构成了系统的结构,其主要有四种类型:一是流动结构;二是功能结构;三是治理结构;四是网络结构。物流系统功能主要包括基本功能和增值服务功能。

随着各国物流业的不断发展,越来越多的学者开始研究物流系统相关问题,由于不同区域物流业发展极不平衡,尤其是冷链物流的发展,在这样的背景下,许多学者开始关注不同国家或区域的物流系统的演化问题,希望通过梳理各地物流系统演化规律,有针对性地提出解决方案。

曹玉姣与汤中明基于自组织理论构建了城市群物流共生系统共生演化动因模型,他们提出,自组织动因主要包括经济效益拉动、技术进步支持、资源环境压力及市场需求拉动,他组织动因则为城市群区域政府导向、体制创新,城市群物流共生系统正是在自组织与他组织复合作用下演化形成的[6]。周熙登基于自组织理论研究了农产品物流系统战略协同演化问题,他提出,开放性是基于自组织的农产品物流系统战略协同演化的先决条件;非平衡性是战略协同演化的必要条件;非线性是战略协同演化的动因;随机涨落是战略协同演化的驱动力[7]。邬文兵等人从前提、诱因和动力三方面揭示了我国农产品物流系统自组织演化机制,提炼并总结了序参量主导下,我国农产品物流系统在时空序列上的演化路径,并提出政府要以自组织机制作为政策制定的基本依据,创造条件保障并加快我国农产品物流系统自组织演化进程[8]。王俣含基于物流系统论、自组织理论及物流地理理论,借助解释结构模型等深入研究了农产品物流系统的演化规律,并指出我国农产品物流演化是一个自组织过程,社会空间结构、农业生产经营方式和物流技术是我国农产品物流系统的三个序参量[9]。郑捷基于耗散结构理论研究了区域物流系统演化机理问题,提出我国区域物流系统演化具有阶段性及多变性等特点;在推动区域物流发展过程中应该加强其与外界资源及信息的交流,不断提高一体化、协同化建设水平[10]。

吴群与程浩研究了物流生态系统问题,不过他们研究的对象倾向于平台型电商企业的物流系统,他们指出,在物流系统演化过程中,自组织演化和交互演化机理起到了关键作用,领导种群的领导力、种群生态位的选择和种群间协同机制都对平台型电商企业物流生态系统的协同演化及形成稳定种群关系有着一定的影响[11]。吴亚超等人也研究了该类问题,他们基于生态学籍复杂性科学,探讨了区域物流生态系统耗散结构演化过程,并探索了演化分岔及"路径依赖"现象[12]。范钦满等人针对该问题进行了研究,他们基于区域物流生态系统内部种群关系,借鉴自然界生物种群竞争与合作的共生演化思想,构建了区域物流生态系统内部竞争、合作及竞合协同演化模型,运用微分方程定性辨别方法对三类模型的稳定条件进行了分析[13]。贺盛瑜与马会杰基于商业生态系统理论研究了农产品冷链物流生态系统演化问题,并构建了相应的概念模型,他们提出,农产品冷链物流生态系统在某一具体阶段内的演化过程是一个"动态"集群网络,该网络受到网络外部环境、网络内部供应主体、需求主体以及主体与主体间的相互作用程度等因素的影响;而网络主体关系演化过程分为改变现有的联系、建立新的联系、退出网络三种规则,并据此指出网络主体间存在复杂互惠共生、竞合、中性关系作用[14]。邱莹基于时间与空间角度研究了北京食品冷链物流演化问题,指出北京市食品冷链物流存在有限的郊区化扩散趋势和跳跃性扩散趋势;通过对北京市食品冷链物流时空扩散的模拟,发现人均 GDP 的增加、城镇化水平的提升、城区土地价格的提高、城市规划对食品冷链物流企业建设数量的控制、规制性政策的日趋严格、资金扶持及税收优惠政策的辅助、交通通达性、信息与互联网技术的发展推动了食品冷链物流的时空扩散;交通通达性、信息与互联网技术的发展、企业对于车辆总里程及空驶率的要求造成了食品冷链物流"有限的郊区化扩散";北京城市土地价格的提升、城市规划的改变、交通通达性、信息与网络技术水平的提高、政府对于城市拥堵和尾气污染的规制、政府提供的资金扶持和税收优惠,成为推动食品冷链物流"跳跃性扩散"的主要动力;而企业对车辆总里程和空驶率的控制,则相对抑制了食品冷链物流的跳跃性扩散[15]。Heutz 与 Beziat 分析了法国巴黎的物流系统的空间变化过程,他们通过大量的调研发现了巴黎物流系统发展的历史脉络及演化规律,归纳出了影响物流业发展的主要问题,并在此基础上提出了相应的解决方案[16]。Patiera 与 Routhier 同样研究了法国物流系统演化的过程,不同之处是他们建议政府要加大科技的投入,并且要不断优化管理工具,从而提高物流系统的效率[17]。Barilla 等人研究了影响意大利物流系统全要素生产率问题及演化特征,他们指出,意大利不同地区物流系统发展程度并不一致,为了推动物流系统的可持续发展需要加大创新力度,从而不断促进地区物流系统优化升级[18]。Sakai 等人针对日本东京的物流系统规划问题进行了研究,他们重点分析了物流设施选址、布局、空间密度等问题,尤其对货物始发地及目的地在市区以外的物流系统进行了分

析,通过研究找到了东京物流系统的演化过程及特点[19]。Miyashita
对比分析了北美洲、亚洲及欧洲的8个国家的物流系统综合能力,通过
研究,他梳理出这些国家物流系统的演化特征及规律,并结合世界银
行报告提出了相应的发展对策[20]。Lan 等人研究了 2006 年至 2015 年
中国 36 个城市的物流系统的效率问题,他们指出东部地区的物流系统
效率低下率远高于中西部地区,而西部地区的物流系统效率低下率略
高于中部地区,这一现象正体现出我国物流系统演化的规律,为了促
进我国物流系统的可持续发展,他们指出中国中部地区需要加快物流
改革,并利用其区位优势来与东部和西部地区形成有机联系[21]。Song
等人基于 2000 年至 2017 年 113 个城市的面板数据,研究了中国长江
经济带物流用地产出效率的时空格局及其可能的决定因素,随机前沿
分析表明,长江流域的物流土地利用效率的年均值从 2000 年的
0.547 增加到 2017 年的 0.655,通过研究,他们系统地分析了这些城市
物流系统发展的演化过程[22]。Lee 与 Shen 研究了我国在"一带一路"
背景下提出的物流系统发展规划问题,指出我国将会加大"一带一路"
物流创新力度,并推出新的发展模式[23]。Wu 与 Haasis 针对中国农超
对接中存在的不足,提出了一种可持续发展的农业生产物流(APL),
从而打破了传统物流系统带来的限制[24]。Boloukian 与 Siegmann 研
究了以机场为中心的城市物流系统演化问题,并且指出机场已经成为
现代城市物流系统的重要组成部分,并且将会发挥越来越重要的作
用[25]。Mehmann 与 Teuteberg 研究了德国采用第四方物流服务商对
于农产品物流系统带来的影响,他们认为,第四方物流服务商可以优
化传统的农产品物流体系,提高效率,促进物流系统的变化[26]。
Issaoui 等人研究了在四次工业革命发展的背景下物流系统演化的趋
势,他们指出,区块链技术可以促进智能物流的发展,进而将物流系统
推到一个新的发展阶段[27]。

1.2.2 国内外冷链物流网络优化研究综述

基于对文献检索平台的权威性及其对数据库与期刊的涵盖率等因素

的考虑,本研究选取"ISI Web of Science"(包含数据库 SCI-EXPANDED、SSCI、CPCI-S、CCR-EXPANDED、IC)作为文献检索平台,以"logistics network"为主题词进行文献检索,时间跨度为 1986 年至 2019 年。从文献发表数量来看,以物流网络为主题的文献数量一直呈现稳步增长的趋势,并在 2007 年后增长得尤为迅速,物流网络逐渐成为供应链、物流及运筹学等研究的热点问题。从文献及引文数量可见,国内外对物流网络优化的研究基本是逐年递增的,其中对冷链物流网络问题的研究成为近年来的研究热点。例如,*Management Science*,*International Journal of Logistics Management*,*Expert Systems with Applications*,*European Journal of Operational Research*,*Computers & Industrial Engineering*,*Computers & Operations Research*,《中国管理科学》《管理工程学报》《计算机多目标制造系统》《控制与决策》等国内外重要期刊陆续发表了有关论文。此外,清华大学、同济大学、浙江大学、大连理工大学、西南交通大学等大学的博士及导师纷纷加入冷链物流网络优化问题的研究,通过对相关研究文献进行分析发现,国外研究成果要多于国内,尤其是在物流网络、冷链及冷链物流网络多目标优化方面,国外学者研究得更为深入。这些迹象表明,冷链物流网络优化问题已经成为供应链及物流优化领域的研究热点之一,并成为多目标优化问题研究的重点。

由于冷链配送中心设施选址、冷库库存控制及冷藏车辆路径安排是冷链物流网络优化的三大关键问题,并且构成了相关企业的战略层、战术层和作业层的重要决策问题,其在物流网络中每一个环节的变化都会对其他环节产生影响,进而影响到整个冷链物流网络。如果要对其进行优化,就有必要从系统的角度对存在的多目标问题进行逐一分析,以便更全面地把握研究的主题。为此,本研究主要对冷链物流网络的选址—库存问题(location-inventory problem,LIP)、库存—路径问题(inventory-routing problem,IRP)、选址—路径问题(location-routing problem,LRP)、选址—路径—库存问题(location-routing-inventory problem,LRIP)的国内外研究进展进行分析。

1.2.2.1 选址—库存优化问题

LIP 也称选址—库存联合决策问题,是指在进行物流配送中心选址决策时需要同时考虑库存成本或对库存参数进行的决策[28]。设施选址问题(facility location problem,FLP)作为一类典型的组合优化问题,一直以来都是物流网络设计(distribution network design,DND)的关键问题之一[29]。它的决策对于整个物流网络及其层次结构来说是先决性的条件,因为配送中心选址是整个供应链的连接点,其确定后将在一段时间内不能随意改变。学者们针对该类问题进行了深入的研究,Garey 与 Johnson 更是在 1979 年证明了 FLP 属于 NP-hard(non-deterministic polynomial-time hard)问题,即它不可能存在多项式时间精确算法,除非 P=NP[30];Megiddo 与 Supowit 证明了 P-中心问题(P-centre problems)为 NP-complete 问题[31];Daskin 证明了覆盖问题(covering problems)为 NP-hard 问题[32];Bader 证明了 P-中位问题(P-median problems)为 NP-complete 问题[33]。通过上述研究的分析可以发现,物流配送中心设施选址相关问题已经被证实为 NP-hard 问题,并且多是基于 P-中位问题扩展而来的[29]。针对该类问题的传统研究只关注了选址固定成本及运输成本,而忽略了库存成本对此类问题的影响。FLP 优化会影响整个物流运营及管理的战略决策,例如,物流配送中心数量的增加会直接影响库存的总量,配送中心的位置策略会影响不同产品的交货期,而客户分配则会影响配送中心的规模或容量,这些不确定性还会增加不同产品的安全库存水平的风险系数。Baumol 最早提出了库存对分销成本的影响,如果设施成本随其数量的增加而增加,那么库存成本则近似按照设施数量 N 的平方根的形式增加[34]。如果只是考虑其中一个环节或单独进行优化,就容易陷入局部最优,因此,为了真实地反映企业发展的实际情况及全面优化物流网络需要将配送中心选址与库存问题进行综合考虑。随着此类研究的不断深入,部分学者开始将库存问题引入物流配送中心设施选址的优化决策中,如 Nozick 与 Turnquist 在配送中心选址问题中将安全库存成本包含在了固定装卸成本中,构建了单级 LIP 模型;之后他们又在此基础上研究了两级 LIP,从而更好地反映了企业实际需求[34]。而规划配送中心设施的数量及位置时考虑到客户的不确定性需求逐渐成为相关领域研究的重点问题;由于该类问题不仅要考虑选址成本的最小化,还要考虑库存决策及不确定性需求等因素对总成本的影响,该类问题变成了典型的多目标优化问题(multi-objective optimization problem,MOP)[35]。针对此类问题,Eppen 提出,如果将多个零售商处的库存集中起来通过配送中心统一管理可以显著地降低系统总的安全库存成本,在此基础上他构建了"风险分摊效应"(risk pooling effect)模型[36]。该模型提出后,国内外学者都将其应用到了 LIP 的研究中[37],如 Daskin 等人将该模型应用到了考虑不确定性需求下的安全库存 LIP 中,构建了一个联合 LIP 模型,该模型也成为最早的非线性 LIP 整数规划模型[38];Guerrero 等人在此基础上结合食品企业发展特征提出了一个考虑多车场约束条件的 LIP 数学模型[39]。随着问题复杂性不断增加,考虑更多约束条件的 LIP 成为热点问题,如 Tancrez 等人研究了考虑库存容量约束的 LIP,并指出该类问题相对于没有库存容量的问题更为复杂[40];Amir 与 Pooya 则研究了无库存容量限制的多零售商的 LIP,该研究考虑了价格敏感对产品需求的影响,并以企业利润最大化为目标来设置配送中心选址、价格及订单规模等决策[41];Escalona 等人研究了差异化物流服务水平条件下的 LIP,设计了一种改进的启发式算法对提出的混合整数非线性规划模型进行了求解,他们指出将配送中心选址与库存问题进行综合考虑可以更好地应对突如其来的市场变化,也可以更灵活地面对客户的不确定性需求[42];Qu 等人研究了"联合补货"与"独立补货"策略 LIP,设计了改进的智能算法对模型进行了求解,并提出了随着客户需求的不断增加以及客户的个性化服务,相关物流企业如果坚持"独立补货"策略已经难以适应竞争激烈的市场,而采用"联合补货"策略是一种更有效的解决方案[43];Diabat 与 Theodorou 研究了两阶段的多仓库多商场的 LIP,该类问题比单一仓库多零售店 LIP 涉及的环节及影响因素更多,这在一定程度上增加了该类模型的求解难度,他们针对该类模型的特点设计改进了一种新的多目标启发式算法对其进行了求解[44];Puga 与 Tancrez 等人研究了不确定性需求 LIP,并结合运输成本、库存周期、订货量等现实情况,提出一个启发式算法对该问题进行求解[45];Mousavi 等人则针对该类问题提出了一种果蝇算法对该类问题进行求解[46]。由于 LIP 涉及的因素越来越多,目标函数也就有所增加,该类问题的解对于某个目标来说可能是较好的,但对于其他目标可能是差的,这些目标间存在着相互排斥的现象,因此求解该类问题所得到的是一个折中解集合,为 Pareto 最优解集。例如,Javad 等人研究了多目标动态闭环 LIP,他们设计了改进后的多目标粒子群优化算法对该问题进行求解[47];Zhang 和 Unnikrishnan 针对同样的问题进行了研究,通过设置定期审查策略对新产品及返回后的产品分别进行库存管理,并设计了六种不同的协调策略,所构建的模型及算法更能符合企业的实际发展需求[48];Shahabi 等人研究了三级 LIP,该问题属于 NP-hard 问题,求解相当困难,大多数的确定性方法在求解该类问题时显得束手无策,尽管"分支法"或"隐枚举法"可以减少搜索量,从而节约一些时间,但该类方法无法根本上降低算法的时间复杂度;而启发式算法面对此类问题可以同时处理一组解,算法每迭代一次能够获得多个有效解,为解决问题提供了更多的可能;基于此,他们设计了多目标粒子群算法对模型进行了求解[49]。

通过对国内外文献梳理发现,目前研究冷链物流 LIP 多目标优化的成果相对较少,只涉及部分医药行业的冷链问题,如国内学者舒彤等人以医药产品为研究对象,基于冷链物流技术角度分析了冷链 LIP,在对现有 LIP 模型进行分析的基础上,加入了医药行业产品的特点,构建了相应的数学模型,并采用遗传算法(genetic algorithm,GA)对模型进行了求解[50]。现有的研究成果多是将配送中心选址及库存问题分开单独进行研究,如姜大立与杨西龙最早研究冷链物流选址问题模型,他们针对此类问题构建了一种离散选址模型[51];之后他们又以易腐物品为研究对象,构建了连续性选址模型,并提出了一种改进的 GA 算法对其进行求解,他们认为在求解该类问题时启发式算法具有较强的优势,所得出的最优解也更符合企业的实际需求[52];丁雪枫等人则针对大型连锁超市易腐物品的配送中心选址问题进行了研究,提出了一种改进的模拟植物生长算法对该类易腐物品的选址问题模型进行求解,他们认为,配送中心在这类企业中起着重要的中心枢纽作用,通过大规模的采购及统一调度物资可以满足各分店的需求[53];杨珺等人以易腐物品为例研究了LIP,构建了多用途产品的配送中心选址优化模型,并针对此类复杂的模型设计了一种改进后的拉格朗日算法对其进行了求解[54];狄为民等人则在此模型基础上加入了有配送能力限制的约束条件,构建了相应的0~1整数非线性规划模型,并提出了一种嵌入改进表上作业法的混合遗传算法对模型进行求解[55];苏兵等人研究了腐败率线性可变的冷链产品的选址问题模型[56];杨浩雄等人以牛奶制品的配送中心选址优化问题为研究对象,构建了一个非线性整数规划模型,并应用遗传算法来求解该模型[57]。还有部分学者研究了此类问题中的库存决策,如Yu等人则是针对冷链产品的库存问题最早提出了三类库存模式,分别为供应商与零售商分别独立库存模式、两者共同决策的库存模式以及两者分别主导冷链产品的库存模式,这三类库存模式的建立为后续冷链物流相关研究奠定了重要的理论基础[58];Wang等人在此研究基础上,验证了三类库存模式中由供应商与零售商共同决策的成本最小,而两者分别主导冷链产品的库存模式相对次之,供应商与零售商分别独立库存模式效果较差,该项研究成果为当时的冷链物流企业制定相应的运营决策提供了重要的参考[59]。由于冷链产品的变质率是库存研究及设计时必须考虑的重点因素,因此引起了国内外相关学者的关注,如Yan等人[60]与Lin[61]分别以常数变质率为主研究了生鲜农产品的库存优化问题,他们指出,为了降低生鲜农产品的变质率,需要结合上下游企业制定最经济的库存策略;Chang等人则研究了指数变质率的冷链产品库存问题,他们认为,冷链产品的库存设计不仅要靠近客户,而且可以通过提高货物的周转率来降低产品的损耗[62];Yang则研究了冷链产品的变质率服从三参数的Weibull分布的两仓库的库存模型,他认为,冷链产品腐败后的损失是不可逆的,为了降低变质率,除了上述的措施,应该结合不同产品的性质设计出更合理的冷库[63]。

根据研究对象的不同可以将冷链库存问题分为单级库存和多级库存控制问题。国内学者王道平等人研究了血液及其制品的冷链库存管理问题,并设计了相应的单级库存问题模型[64];王淑云等人则针对此类问题的不足,研究了多级库存系统的冷链产品库存模型[65],多级库存控制是通过协调冷链中的各个环节,从而达到优化整个冷链的总目标,他们在此基础上通过实证研究,证明了采用一体化库存决策的冷链物流系统的企业比由零售商主导的非一体化的企业效率更高。对于生鲜农产品冷链库存问题的关键影响因素是客户的需求率,传统的研究多将需求率假设为一个常数,但实际情况下,客户的需求是具有时变性特征的,如线性、二次多项式、阶梯、指数等需求率[66]。

综上所述,针对 LIP 的研究方法可分为定性方法、定量方法以及定性与定量相结合的研究方法。其中,以定性分析为前提,然后再结合定量分析的方法更能反映实际问题,也更具有操作性。在模型构建方面主要有连续型模型(函数优化问题),离散型模型(组合优化问题),单级设施、多级设施、静态、动态、确定型及不确定型模型等。而针对 LIP 模型的研究主要考虑产品种类、设施失效风险、干扰管理、联合补货与配送、时间窗及客户服务水平等约束条件。其中由 Daskin 等人提出的 LIP 模型最为经典,并成为后续相关研究的基础。但该类模型多是针对传统货物,有针对性地解决生鲜农产品冷链的 LIP 模型较少;现有针对冷链 LIP 的研究多是针对独立选址或库存问题,将选址与库存多目标问题综合考虑的非线性模型较少,在构建的相应模型中缺少考虑生鲜农产品或易腐产品的货损成本或变质率。由于此类组合优化是 NP-hard 问题,针对其求解的有效方法主要有近似算法、随机算法及启发式算法等[39]。随着问题复杂性的不断增加,很多问题同时也是复杂的多目标优化问题,而解决此类问题需要应用或设计多目标优化算法才能对其进行有效的求解。因此,未来有针对性的研究生鲜农产品冷链 LIP 模型及相应的多目标求解算法将会成为研究的主要方向。

1.2.2.2 库存—路径优化问题

IRP 是指物流网络(供应商、配送中心及零售点)中确定各需求点库存决策、需求时间以及车辆路径安排的过程,在该过程中需要满足一定的约束条件(货物量、时间窗、碳排放等)使得总成本(订货成本、仓储成本、货损成本、运输成本等)最少[67]。由于库存和车辆路径问题联系紧密,配送车辆的具体方式应该根据客户的时变性需求、基于库存水平的需求、考虑价格变化的需求以及一般情况的常数需求等进行调整,这些因素也会影响物流在途库存的大小。而配送车辆的平均速度及准确性也会影响到安全库存的具体决策;每天物流配送的频率及运输量的多少对配送中心的选址及平均库存水平都会产生直接的影响。其中,车辆路径安排如果合理,可以提高企业对客户服务需求的快速响应时间,不仅有利于降低物流的总成本,而且可以提高客户服务满意度。可以看出,物流网络中库存与车辆路径之间存在着紧密的联系。在物流服务的实际过程中,库存决策与车辆路径问题之间往往会存在显著的"效益背反"的关系,如果单独解决其中一个环节的问题,难以从整体上控制物流成本,容易产生牛鞭效应(bull-whip effect[67]);为了解决该类问题,国内外学者进行了深入的研究,直到供应商管理库存(vendor managed inventory,VMI)策略的提出为解决该类问题提供了更为有效的思路[67]。VMI 是一种不同于单产品及单级库存管理的模式,它主要通过计算机系统来实现供应商、配送中心及零售点之间的信息共享和数据互联,通过及时上传到数据库中的信息来替代传统的实际库存,减低数据误差,从而达到对整个供应链库存的有效控制,消除"牛鞭效应"的发生;把备货事宜转移到供应商环节,将库存总量控制在最小,从而有利于双方更加关注客户满意度的提高以及其他方面的优化。国外学者 Wendy 等人认为,VMI 策略的实施更好地解决了一个供货商在较长时间内给多个客户提供货物配送服务的问题,并且为解决 IRP 提供了重要策略[68]。针对 IRP 的研究需要确定 VMI 策略下每天的补货对象、数量及车辆路径问题,当客户的库存策略确定后,该类问题就成为一个单独的车辆路径问题(vehicle routing problem,

VRP)[69]；由于 VRP 是已经被证实的 NP-hard 问题[70]，因此 IRP 也就成了一个典型的 NP-hard 问题[71]。

针对 IRP，Bell 等人最先对其进行求解，他们在 VRP 基础上加入了库存优化问题，构建了反映配送中心数量及配送量的离散整数规划模型，并设计了启发式算法对其进行求解，他们明确提出，只有将库存与车辆路径问题进行综合考虑才可以更为系统地解决企业存在的实现问题[71]；Bertazzi 研究了确定性需求背景下的 IRP，并应用 PSO 算法求解了该类模型，他提出确定性需求已经逐渐变少，未来已经加强客户的不确定性需求的 IRP 研究[72]；Anily 与 Federgruen 则根据不同客户的需求将 IRP 进行了分类，然后再按照 VRP 或旅行商问题（traveling salesman problem，TSP）进行求解[73]，他们指出，由于该类问题早已被国内外学者证明是经典的 NP-hard 组合优化问题，因此，在合理的时间内求解该类大规模问题时需要采用到启发式算法[74]，面对数据量的不断增加则需要采用更为复杂的启发式算法[75]。Huang 将客户划分为不同需求的组别，并通过客户位置的定位、客户分组及车辆路径三个阶段构建相应的模型，最后应用禁忌搜索算法对该模型进行求解，并指出未来启发式算法将成为解决该类问题的主要手段[76]；Li 等人对比研究了采用直接配送与零担配送策略时的 IRP，并分别构建了相应的非线性整数规划模型，结合两个不同策略的优化模型，他们设计了改进的差分算法分别对其进行求解，得出所提出的算法可以求得该类问题的最优解[77]。通过以上分析可以发现，相关学者们主要研究了单品种货物的物流网络优化问题，而针对反映企业发展现实情况的多产品库存及运输问题更值得研究，如 Mjirda 等人针对多产品问题提出了一种改进的变邻域搜索（variabe neighborhood search，VNS），分为两个阶段对 IRP 进行求解，第一阶段建立初始解时先不考虑库存成本，第二阶段先改善初始解，并最大限度地减少运输和库存成本，他们针对该类问题提出的数学模型为后期相关学者的深入研究奠定了基础[78]；Marinakis 在该模型基础上引入车辆载重的约束条件，构建了相应的数学模型，提出了一种改进的离散型粒子群优化算法(discrete particle swarm optimization，DPSO)，并对比了精确算法及启发式算法在求解该问题时的区别，得出启发式算法在运算时间及操作性方面更为便捷，效果也更佳的结论[79]；Lopes 等人则研究了考虑时间窗约束条件的 IRP，他们认为此类问题可以更好地反映客户的时变性需求，另外客户还可以根据物流企业超出所限定的时间窗设置相应的惩罚，为此他们构建了带时间窗的 IRP 模型，并设计了一种改进的混合遗传算法来求解该类问题[80]；Vansteenwegen 与 Mateo 研究了单周期库存车辆路径问题(single-vehicle cyclic inventory routing problem，SV-CIRP)，该类问题是指由单一的车辆实施物流配送过程，企业通过一个循环的配送计划及时确定交付客户的数量及路线，从而避免缺货风险，他们针对此类问题模型设计了一种改进的蚁群算法，并通过实例验证了算法的有效性及可行性[81]；而 Hemmati 等人研究了在规定的时间内通过船队运输多个产品的 IRP，他们提出了两阶段解决方案，第一阶段将 IRP 转化为一个受库存限制的货船路径及调度问题；第二阶段通过自适应大领域搜索解决该类问题，最后通过仿真实验得出，启发式算法在求解该类问题时具有较大的优势[82]；Santos 等人研究了供应商提供一种类型产品，要求采用载重相同的车队运输到指定地点的多车辆库存路径问题(multivehicle inventory routing problem，MIRP)，为了验证模型的有效性，他们结合实例通过仿真实验表明了所提出的本地搜索排序算法可以有效求解该类问题[83]。近年来，我国学者也加强了对该类问题的研究，如赵达等人研究了随机需求条件下的库存路径问题(stochastic demand inventory routing problem，SDIRP)及带硬时间窗的随机需求条件下的库存路径问题(stochastic demand inventory routing problem with hard time windows，SDIRPHTW)模型及算法[84]，他们系统地阐述了实施随机需求的 IRP 管理策略，并指出该类问题是一类复杂的优化问题，未来随着问题的约束条件不断增加，需要设计更为复杂的启发式算法对其进行求解[85]；葛显龙等人则研究了 IRP 的整合优化，他们从集成供应链理论的角度,利用补货量与补货周期建立两者间的优化联系,建立了整合优化模型,将云模型云滴随机性及稳定倾向性的优势引入 GA 算法中,提高了算法的收敛速,得到了最优解[86];王海军等人则研究了不确定条件下的应急物资配送 IRP,提出在突发事件背景下应该如何协调相应物资的库存及配送,并建立双目标随机规划模型,最后通过改进后的 GA 算法对模型进行求解[87]。

随着消费者对生鲜农产品需求的不断增加,冷链物流 IRP 也得到了相关学者的关注,国外学者 Federgruen 与 Zipkin 是最早研究该类问题的,他们在传统物流 IRP 基础上将产品的类型扩展到了易腐产品,并结合该类产品库存及运输的特点构建了相应的数学模型,提出如果在构建模型时只考虑库存或车辆路径问题,总成本可以节省6%～7%,这项研究成果为后续相关研究奠定了重要的理论基础[88];之后 Gumasta 等人针对多品种易腐产品的库存及运输问题进行了研究,构建了具有时变性需求的 IRP 模型,并设计了一种改进后的多目标粒子群算法对其进行求解,他们认为,对多品种易腐产品 IRP 的研究更能准确地反映企业的现实情况[89];在此之后相关研究开始逐渐丰富起来,如根据客户需求类型、路径策略、时间要求等可以将冷链物流 IRP 分为周期为一天的 IRP、周期为几天的 IRP 及无限期的 IRP[90]。Kanchana 与 Techanitisawad 在考虑冷链产品周期性特征基础上研究了两阶段 IRP,并构建了典型的非线性整数规划模型,采用改进后的蚁群算法对其进行了求解[90];Chen 等人研究了带时间窗的易腐食品 IRP,针对该类复杂问题,他们构建了相应的数学模型,并指出了带硬时间窗与软时间窗的区别[91];Azadeh 等人研究了客户随机需求背景下易腐产品 IRP,由于产品的易腐特性,他们考虑了产品的损耗成本,并通过对比分析指出该类问题属于 NP-hard 问题,并针对该类模型的特性,提出了一种改进后的元启发式算法对模型进行求解,通过实例证明了所提出算法的有效性及可行性[92];Agustina 等人研究了交叉配货可以减少生鲜农产品冷链物流的库存量,还可以加快货物的流转速度,确保了冷链产品的及时交付,并在此基础上研究了带时间窗的冷链物流多目标 IRP,构建了一个混合整数线性规划模型,并应用启发式算法求解了模型的最优解[93];Niakan 与 Rahimi 则以医疗产品为研究对象,讨论了该类产品的多目标 IRP,在考虑产品需求及药物短缺造成的风险的前提下建立了整数规划模型[94];Soysal 结合 VMI 策略,研究了不确定性需求下的食品闭环库存路径问题(closed-loop inventory routing problem,CIRP),并指出传统的研究更多地忽视易腐食品的逆向物流业务,他们提出的混合整数规划模型更符合企业发展的实际情况[95]。国内学者刘静等研究了两级供应链背景下允许订单延后的易腐品 IRP,构建模型的总成本不仅考虑了库存及路径成本,还增加了腐败及缺货成本,并应用改进的节约算法对其进行求解[96];贾涛等人在综合考虑易腐品的订货、配送及车辆类型等问题的基础上,研究了异质车辆配送可以重复装货的易腐品 IRP[97],同时他们又研究了考虑路径腐败的可重复装货易腐品 IRP,并建立数学模型,通过改进的嵌套折半查找算法对问题进行了求解[98]。

综上所述,针对 IRP 的研究成果已经相对丰富,相关研究成果包括确定型、随机型、长期、短期、单客户、多客户、有车辆数量限制、无车辆梳理限制等问题研究;但该类研究多是针对常温物流的问题模型,并且多是针对两层物流网络,求解过程中多采用分解法将多目标优化问题转化为单目标问题进行求解或者分解为一个长期的库存问题和每天决策的 VRP。而将库存、配送路径及车辆数量等问题同时作为优化目标及有针对性地研究多层冷链物流网络 IRP 多目标优化问题的成果较少。在模型构建方面,现有的很多供应链随机多目标模型中,多假设需求是平稳的,是不随着时间的改变而发生较大变化的;但是在现实情况下,冷链物流的客户需求往往具有时变性或具有动态不确定性的特点,基本库存量也会随着时间发生变化,因此,研究动态环境背景下的相关问题更具有现实指导意义。从构建的相关模型可以发现,模型的建立已经从之前的单日模型发展为无限期模型,并且更多地从随机需求及带时间窗的角度来考虑模型的建立;部分学者已经开始将货损成本考虑到总成本中来构建更能反映冷链物流企业实际问题的模型。通过分析可以发现,上述相关问题模型都属于 NP-hard 问题,对该类问题的求解算法主要包括启发式算法、元启发式算法等,与精确算法相比、这些算法更为有效,不仅可以为企业提供更多的决策方案,而且更能适应现代物流企业的动态化管理。

1.2.2.3 选址—路径优化问题

LRP 是根据企业给定的目标或要求来确定相应的物流配送中心的选址及容量,再设计或选择最优的配送路线及车辆安排等,从而提高运营效率,降低物流成本的过程[99]。物流网络中的配送中心选址设置与车辆路径优化之间存在着密切的联系,设施选址的设置会直接影响车辆路径的安排,设施的多少更是影响着不同车型、车辆分配及运输频率等决策;反之,货物的多少、距离及客户时变性需求等也会对配送中心选址决策产生一定的影响。由此可以看出,它们已经成为物流网络中两个紧密联系的关键问题,FLP 决定了整个物流网络的模式及结构,VRP 则直接影响着配送成本及客户的服务质量,将两者同时考虑可以有效地解决局部优化现象,有利于更好地降低物流运作总成本。可以发现,LRP 结合了企业战略层的设施选址及运作层的车辆路径安排形成了复杂的决策问题;它也成为供应链管理及物流网络优化中的难点问题之一[99]。LRP 与 LAP 及 VRP 既有联系又有区别,VRP 虽然考虑了迂回特性,但未分析产品配送中心选址的合理性及物流总成本问题,而 LRP 不但强调车辆路径的迂回特性,而且考虑了选址的合理性及物流总成本问题,可以避免 LAP 及 VRP 的局部优化问题。国外学者 Min 等人于 1998 年从定义、分类、模型及算法等方面,对LRP 前期相关研究进行了综述,他指出早期对该问题的求解多为精确算法,但是由于精确算法在求解小规模问题方面具有优势,现实中的LRP 往往具有较多的约束和变量,求解的计算时间为问题规模的指数函数,使用精确算法求解该类问题时受到了计算机内存和计算时间的

约束,因此后期相关研究开始考虑使用启发式算法对其进行求解[100];
Zhang 等人针对随机需求下的制造企业 LRP 构建了相应的数学模型,
通过分析确认了精确算法在求解该类问题时的不足,将两阶段领域搜
索算法与模拟退火算法进行结合后提出了改进的启发式算法对该类
问题进行求解[101];Googarzi 与 Zegordi 研究了码头枢纽 LRP,并在考
虑直接装运和间接装运采用不同选址及路径规划问题基础上构建了
相应的非线性整数规划模型,并证明了该类问题属于 NP-hard 问题,
他们为此设计了一种生物地理学算法对该问题模型进行求解,通过仿
真实验验证了算法的有效性及可行性[102]。

由于现实中的物流网络优化问题多存在不确定性,相关学者在研
究该问题前无法获得准确的数据,需要给定一个模糊化的客户需求,
如"约为 30 个""10～20 个"等,Lau 等人就采用此类方法研究了模糊
LRP,他们构建了相应的非线性整数规划模型[103]。但是现实中会同时
出现因客户需求量、时间及位置等因素引起的配送路径及时间的改
变,这就转变为了多模糊 LRP。Zarandi 等人研究了该类问题,并同时
考虑了需求量、车载容量、配送中心库存容量及时间窗等约束条件,构
建了相应的多目标优化问题模型[104];国内学者张晓楠等人指出文献
提出的模型只是相关约束条件的简单结合,对现实中发生的问题缺乏
指导性,他们在此基础上研究了同时具有模糊需求和模糊旅行时间,
并且具有车辆容量、配送中心容量及时间窗约束的 LRP,通过两阶段
策略,引入变动成本的概念(指出变动成本为因车辆剩余容量不足返
回配送中心卸载的额外配送成本和因车辆实际达到时间超出客户时
间窗的时间惩罚成本总和),建立了变动补偿的预优化模型[104];之后
他们又针对传统两阶段法的不足构建了一个包含机会约束的模糊期
望值模型,并应用改进后的一阶段模拟退火算法对模型进行了求
解[105];Torfi 等人针对随机需求条件下的三阶段 LRP 问题进行了研
究,构建了相应的非线性整数规划模型,并提出了一种改进的两阶段
模拟退火算法对其进行求解[106];Ting 与 Chen 在此基础上加入多品种

的约束条件,构建了一个多目标优化问题模型,并设计了一种改进后的多目标蚁群算法来求解该类型问题,得出与精确算法相比多目标优化算法具有更好的效果,所涉及的计算费用及时间也更少[107];Marinakis 则研究了不确定性需求背景下的此类问题,并结合具体问题构建了随机需求的 LRP 模型,然后提出了一种改进后的离散型粒子群优化算法用于求解该模型[108];Hemmelmayr 在上述学者所提出的模型基础上,考虑了周期性 LRP,由此构建了一个相应的数学模型,并提出了一种大规模领域搜索算法来解决该类问题[109];Yu 与 Lin 研究了同时配集货的 LRP,他们指出,由于该类复杂问题属于 NP-hard 问题,为了得到反映企业实际需求的最优解,他们提出了一种改进后的模拟退火算法对模型进行了求解,仿真实验表明了算法的有效性及可行性[110];Ponboon 等人结合服务质量及客户满意度研究了带时间窗的 LRP,并按照仓库位置、车厂大小、车辆型号等设置了主要的参数,提出了符合不同类型企业发展要求的优化方案[111];Prodhon 与 Prins 共同对 LRP 的 72 篇相关研究成果进行了综述,包括不确定性、模糊、多目标、分类等问题,并通过比较相关算法的优劣阐述了经典 LRP、两级 LRP、卡车及拖车等类的问题[112]。随着研究的不断深入,研究对象也逐渐拓展到了其他领域,如 Yakici 研究了无人机 LRP,该模型中无人机的分配中心是确定的,然后根据一定的访问顺序到达每个兴趣点,结合该类问题他们提出应用改进的多目标蚁群算法对模型进行求解[113];Mohammad 与 Lee 研究了延迟选址路径问题(latency location-routing problem,LLRP),其目的是通过确定最优的设施位置及车辆路径,减少患者的等待时间,这类问题多发生在灾后救援活动中的物资分配,针对该类问题他们提出了两个启发式算法,分别是文化基因算法和递归算法,这两种算法在规定的时间里都可以产生较好的结果[114]。国内学者罗耀波等人,针对 LRP 不仅考虑了时间窗,还将现实情况中的带退货问题加入其中,并建立了一个多仓库 LRP 模型,最后结合局部搜索算法改进了一种基于自适应学习的混合遗传算法对模型进行了求解[115]；杨珺等人针对电动汽车物流配送系统的换电站选址及路径问题，建立了整数规划模型，并设计了禁忌搜索—改进 Clarke-Wright(CW) 节省的两阶段启发式算法对模型进行求解[116]；周林等人则针对物流末端配送个性化问题进行了研究，考虑了送货上门与客户自取两种类型，建立了多容量终端选址—多车型路径多目标优化问题模型，并设计了一种两阶段的模拟退火算法求出了问题的最优解集[117]。

通过文献梳理可以发现，LRP 作为一类经典的复杂组合优化问题，它的复杂性在于选址问题属于物流网络优化中的长期战略决策，而车辆路径问题则属于日常运作层的业务，造成了这两类问题在物流服务过程中的时间节点存在不统一，导致问题的复杂程度不断增加。早期对 LRP 的研究通常只考虑单一的仓库或车辆容量约束，虽然之后部分学者开始研究同时考虑带仓库及车辆容量约束的 LRP，但该类研究多是单目标优化问题。其中关于选址的问题多是假设从供货点到客户进行整车运输，供货后返回配送中心，但实际情况则为一次配送供应多个零售点后再返回配送中心，即整个配送过程是经过多站路径的零担运输；配送路径不同所产生的选址决策也不相同，由此造成的物流成本也存在一定的差异。随着约束条件的不断增加及选址与路径问题间的不同决策，该类问题逐渐转化为了典型的 NP-hard 问题；因为涉及的变量较多，针对该类复杂问题用传统的精确算法进行求解已经很难实现，需要采用启发式算法。上述情况多属于常温物流运营过程中存在的问题，而有针对性地研究易腐产品的多目标优化 LRP 则较少。只有部分学者开始涉猎相关问题的研究，如国外学者 Ceselli 等人研究了紧急医疗系统的物流网络优化问题，重点分析了在使用疫苗或药物的紧急情况下需要协调不同配送中心及车辆完成任务；提出了有针对性的数学模型，采用改进后分支定界算法对该模型进行求解[118]。国内学者石兆与符卓则研究了时变网络条件下的带时间窗的食品冷链配送定位及运输路径优化问题，采用了分解法将实际的问题分为"预优化阶段＋实时优化阶段"两阶段处理策略，然后再结合混合遗传算法进行求解[119]。以上学者虽然针对相关问题开始了探索性研究，但并没有在考虑库存约束和车辆容量双重约束及动态多周期的基础上研究生鲜农产品冷链物流选址与路径问题的多目标优化问题。现有研究在设施容量、车场及车型方面缺少多元化的策略；针对应急物流中的开放式、动态 LRP 以及针对生鲜农产品自提点选址服务的研究将会成为未来研究的主要方向。

1.2.2.4 选址—路径—库存优化问题

LRIP 是指根据客户的需求信息在一些配送中心备选地点中确定相关设施的具体位置、数量和大小，并结合设施的决策来安排车辆路径以及制定相应的库存策略；往往也会根据客户的需求及市场的变化情况等，添加一些约束条件（如时间窗限制、车型及车场等）后去实现具体的优化目标（如物流总成本最小、碳排放少等）[120]。早期对于该类问题的研究，多是在求解过程中将其问题转化为单个环节进行求解，这些研究只是解决了物流网络中的局部优化问题，缺乏对全局问题的考虑，对于企业而言未能有效地解决存在的现实问题。因为现实中的物流网络规划首先要根据生鲜农产品的产地及销售市场等因素确立配送中心选址数量、位置及分配方案，随着设施数量的增加会导致库存成本的增加，配送中心数量的增加反而会缩短车辆路径，从而减低运输成本。这些问题间存在着相互影响的关系，为了更好地解决此类问题必须从多目标的角度考虑由此构成的多目标问题，因此，基于多目标角度研究 LRIP 就显得尤为重要。学者 Liu 与 Lee 最早提出 LRIP[120]；Liu 与 Lin 在此基础上对该问题进行了优化，建立了考虑消费者随机需求条件下的 LIRP 多目标优化问题模型，并提出了一种全局优化的启发式算法对该类模型进行求解[121]；Shen 与 Qi 面对同样的问题，建立了单一产品的 LRIP 多目标优化问题模型，该模型很好地解决了物流网络优化设计中的选址、库存及车辆路径安排问题，他们结合该类问题设计了一种改进后的多目标离散粒子群算法对其进行了求解，仿真实验表明了该类算法在求解多目标优化问题时具有较好的效果[122];Zhang 等人针对地理位置上较为分散的客户需要建设多个配送中心的两阶段 LRIP 多目标优化问题模型(该类问题涉及因素较多,已经成为一个典型的多目标优化问题),提出了一个多目标蚁群算法对其进行了求解,通过实例分析提出物流网络规划中每个配送中心可以按照周期性的需求来满足客户,通过对车辆的有序管理可以降低物流的总成本[123]。由于该类问题与 LIP、LRP、IRP、VRP 等问题密切相关,这些两两结合的优化问题已经被证实是经典的 NP-hard 问题[33],LRIP 也同样属于该类问题;为了更客观地求解该类问题,需要针不同产品类型的 LRIP 模型特点设计或改进更为有效的启发式算法对其进行求解[123];Nekooghadirli 等人研究了一个顾客随机需求条件下的多产品、多周期的 LRIP,他们考虑了客户的旅行时间问题,这个复杂的问题更贴近企业的现实情况,该问题要求每辆车可以装载多种产品以满足客户的需求,并且保证拥有一定数量的安全库存,不允许出现商品的短缺,目标函数分别为总成本最小及降低配送时间,由此他们构建了一个多目标 LRIP 模型[124],由于该类问题属于一个复杂的多目标优化问题,他们设计了改进后的多目标帝国主义竞争算法(multi-objective imperialist competitive algorithm,MOICA)对其进行了求解,并将其优化效果分别与其他多目标进化算法进行对比,结果表明所提出的算法求解该模型具有更好的有效性[124];Moghaddam 与 Raziei 面对客户的不确定性需求,研究了多周期、多产品、不同类型车辆的 LRIP,同样提出了一个以降低总成本及减少客户产品短缺为双目标的 LRIP 模型,该类问题虽然是一个双目标问题,但约束条件较多,造成模型的构建及算法的设计难度不断增加,最后他们通过对比分析,提出了一种改进后的 NSGA-Ⅱ算法求解了该类问题,并取得了较好的效果[125];Juan等人研究了露天矿场定期用卡车喷洒水的 LRIP,他们在此类问题中加入了道路湿度因素,并建立了周期性的多目标优化问题模型,通过自适应领域搜索算法对该问题进行了求解[126];Ghorbani 与 Jokar 研究了一个多产品、多周期的三级供应链 LRIP,建立了相应的多目标优化问题模型,并通过帝国主义竞争算法对模型进行了求解,得出在此类物流网络设计过程中应该细分客户的需求,在产品的配送过程中应该根据产品的特性采用多温共配的方式[127]。国内学者崔广彬与李一军研究了供应链中二级分销网络中的 LRIP 多目标优化问题模型,系统地介绍了 LRP、LAP 及 VRP 模型及其求解算法,为国内学者研究此类问题提供了重要的理论参考[128];吕飞与李延晖研究了两阶段 LRIP,建立了一个带软时间窗限制条件的 LRIP 模型,并改进了禁忌搜索算法和 C-W 算法,提出了一种新的启发式算法对该问题进行求解[129];王超峰与帅斌研究了带有横向调度的维修备件物流的 LRIP,建立了相应的数学模型并且设计了隐枚举法和遗传算法相结合的一种启发式算法求解该模型[130];杜丽敬与李延晖在此基础上以典型的单一生产基地、单一产品,采用不断审查的 (Q, r) 库存策略的供应链多目标优化问题为研究对象,建立了一个考虑客户随机不确定性需求的 LRIP 混合整数非线性规划模型,采用列生成算法及分支定价法相结合的方法实现了对多目标优化问题进行求解,同时也系统性地分析了 LRIP 的国内外研究进展[131];代颖等人研究了多周期逆向物流 LRIP,建立了混合整数规划模型,并设计了一个两级段启发式算法对该模型进行求解[132];李昌兵与张斐敏同样针对该类问题,结合正向与逆向运输整合的路径优化策略及相关产品的分批配送特点,构建了相应的数学模型,为研究闭环 LRIP 提供了参考[133];乔佩利与王娜研究了电子商务供应链逆向物流 LRIP,在上述问题的基础上增加了客户点、配送中心库存限制及惩罚机制,构建了一个多目标优化问题模型,采用改进的禁忌搜索算法对模型进行了求解[134]。唐金环等人在研究低碳 LRIP 时,采用碳配合差值来计算企业的碳排放量,建立了双目标混合整数非线性规划模型,将细菌觅食算法和粒子群算法相结合设计了两阶段启发式算法对模型进行了求解[135];随后,唐金环等人又从考虑顾客有限"碳行为"偏好角度研究了 LRIP 多目标优化问题模型及算法,并且引入了环保系数作为碳排放量的特征向量,构建了考虑碳排放的 LRIP 双目标优化模型,并采用标准化、正规化的约束理论求解了该模型[136]。在我国建设"资源节约型,环境友好型"社会的背景下,国家加大了对企业碳排放的要求力度,由于物流行业产业链较长,并且分散,推广难度很大;从而考虑碳排放的多目标优化LRIP 成为物流网络优化研究的难点问题。在解决该类问题过程中不仅需要制定合理的标准来衡量企业的碳排放的成本,还需要协调好物流成本少、低碳、路径优等多目标间的 Pareto 均衡,为企业提出更符合实际的发展策略。

综上所述,相对于单独研究物流网络中的某个环节或两两结合的优化问题,如 LIP、LRP、IRP 等,将选址、路径及库存三者结合起来进行优化的问题模型复杂性会提高,求解算法的难度也会大大增加。现有研究成果中,针对两层架构(配送中心、零售点)的 LRIP 探讨得较多,针对三层架构(工厂、配送中心、零售点)及四层结构(工厂、中央仓库、区域仓库、零售点)的探讨较少;针对单一产品、单一生产基地、单一配送中心、单一车型、单级库存控制策略及无时间窗限制的静态正向物流问题的研究较多,而针对多产品、多车型、多配送中心、模糊需求及带时间窗限制的多周期动态问题的研究较少;尤其是针对该类问题的逆向物流及闭环供应链的研究则更少。在实际情况中,物流企业配送的产品种类繁多,不同客户的要求各不相同,物流网络各个节点配送车型也不统一,因此,需要针对此类多目标优化问题进行综合考虑,建立符合实际的多目标优化问题模型。虽然现有文献在配送中心选址、库存控制及车辆路径问题等多目标优化问题的研究上还存在不足,但因供应链间的联系及部分相似性,部分有价值的研究成果可以对研究冷链多目标优化问题起到重要的支持作用。相对于一般常温物流,冷链物流具有复杂性、多样性、时效性等特性,这些特性决定了系统运作的全过程较一般物流问题更为复杂[133]。而面对我国生鲜农产品流通渠道复杂多样、作业环节过多以及质量安全要求高等问题,在实际的操作过程中这些问题就演变成为一个复杂的多目标优化问题[137]。如国外学者 Hiassat 等人研究了易腐产品的物流网络 LRIP 问题,该模型需要解决仓库的数量、位置,每个零售商的库存水平以及每个车辆行驶的路线;为了使得该类模型更贴近实际,他们还在此基础上引入选址决策问题,使得该类问题变为了一个考虑物流网络优化的战略、战术及操作层面的 MOP;他们指出由于该类模型属于 NP-hard 问题,不能在多项式时间求解,因此设计了一个改进后的遗传算法对模型进行了求解,并指出该算法在合理的时间中取得了高质量的最优解[138];由于 MOP 的特殊性,它的解表现为一组均衡解或者折衷解,即所谓的 Pareto 最优解集。通过以上文献分析可知,部分国内外学者是将多目标优化问题转化为单目标后再进行进一步处理[137];此类方法存在一定的局限性,如对 Pareto 最优前端的形状很敏感[139]。作为一个多目标优化问题,传统的优化方法难以获得系统的全局最优解,而多目标遗传算法(multi-objective genetic algorithm,MOGA)、多目标蚁群算法(multi-objective ant colony optimization,MOACO)、非支配排序遗传算法(non-dominated sorting genetic algorithm,NSGA)、小生境帕累托遗传算法(niched pareto genetic algorithm,NPGA)、强度帕累托进化算法(strength pareto evolutionary algorithm,SPEA)、帕累托存档进化策略(pareto archived evolution strategy,PAES)、带精英策略的非支配排序遗传算法(elitist non-dominated sorting genetic algorithm,NSGA-Ⅱ)、多目标粒子群算法(multi-objective particle swarm optimization,MOPSO)等进化多目标优化算法(evolutionary multi-objective optimization,EMO)已经被广泛地应用于求解多目标优化问题[140]。

1.2.3　文献评述

综上所述,针对冷链物流网络多目标优化问题的研究存在不同的分类,大部分成果集中在部分子问题的多目标优化研究上。随着研究的不断深入,需要将冷链物流网络优化的配送中心选址、车辆路径安排、库存管理三方面的决策进行综合考虑才能符合现代物流发展的需求,如何协调各决策层间的关系更成为此类研究的重点。因此,冷链物流网络多目标优化存在的问题及其未来研究方向可总结如下:

(1) 通过对国内外研究资料进行分析可以发现,当前专门针对农产品冷链物流系统演化的研究相对缺乏,研究常温物流系统演化的成果较多。农产品冷链物流系统演化过程与常温物流系统演化过程既有一致性也有特殊性。近年来随着人们消费需求的不断增加,冷链物流得到了较快的发展,但"断链"现象仍十分突出。随着该类问题日益得到关注,越来越多的学者投入到该类问题的研究中,有国内学者以我国某个城市为例,探究了冷链物流的时空演化过程及规律;也有部分学者针对物流系统的生态演化问题进行了研究。国外学者主要对某个城市的物流系统发展进行长期的跟踪研究或案例研究,在调研的基础上借助于数学模型来分析物流系统演化的过程。但是现有研究还是相对零散的,同时缺乏对农产品冷链物流演化理论基础的梳理,缺乏将现代科学技术与区域物流发展结合问题的研究。

(2) 通过文献分析可以发现,国内外针对冷链物流的研究逐渐增多,其研究对象可分为食品、医药、花卉、化学品等冷链物流;其研究内容可分为冷链产品质量与安全、冷链技术、第三或四方冷链物流、应急状态下的冷链物流、冷链物流网络优化等。同时,冷链物流网络优化研究又可分为选址、库存、VRP、LIP、IRP、LRP、LRIP 等研究,它们又因解决的目标不同分为单目标问题及多目标问题研究;根据约束条件的不同又可分为考虑多阶段、多类型产品、多周期、多温共配、多车场、多车型、开放式车场、软时间窗、硬时间窗、模糊时间窗等研究,同时还要有库存短缺成本、燃料消耗成本、货损成本等问题。这些因素都会造成在对该类问题建模时的难度增大,给系统分析带来较大的误差,用计算机求解该类复杂问题的时间及费用也会大大增加。随着问题日益复杂,适用于某一类模型的算法将不再适用,构建合适的模型并设计相应的多目标算法已经成为研究的重点。

（3）现有冷链物流网络多目标优化问题模型的建立多是将选址、库存、路径等问题单独或两两结合后进行考虑，库存及运输的成本多是假定线性函数以减弱目标函数的非线性，从而降低模型的求解难度。由于物流行业中的规模经济效应广泛存在，采用凹函数表示它们间的关系则更为合理，但这样会造成模型的高度非线性，导致求解更加困难，因此该类问题更值得进一步研究。

（4）关于冷链物流配送中心选址模型的研究，许多学者只是在常温物流的基础上加入冷链产品的约束条件，如时间窗要求、温度控制及周期性等。现有模型的建立大多是以物流总成本最小为目标函数，而且往往只把该因素作为单个目标进行研究，而在实际情况中，由于冷链物流的固定投资成本较高，配送中心选址多为中长期规划，而客户的位置、需求量、车型、交通拥堵情况、运输费率等因素的不断增加会加大模型的构建难度，因此结合存在的多目标问题来建立相应的选址模型，具有较大的研究价值。

（5）从研究方法来看，当 LIP、IRP、LRP、LRIP 等组合优化问题的规模逐渐增大时，求解这些问题最优解需要的计算量与存储空间的增长速度非常快。例如在定点 LIP 中，有近似度为 2 的多项式复杂度近似算法，但是精确算法的时间复杂度为 $O(1.1889^n)$，这就使得在现有的计算能力下，通过各种枚举方法、精确算法寻找并获得最优解的方法变得不再实际。因为精确算法的设计与求解是以严格的数学理论及方法为基础，在可求解的背景下，它的解相对来说会更精确。但这样也会限制相关管理决策面对复杂多变的市场环境时的适用范围，尤其是面对较为复杂及数据量较大的问题时，往往会因为遵循严格的数学要求产生"指数爆炸"的现象。因此，为了更高效率地找到或获得解决物流网络优化问题的解决方案或满意解，许多学者开始设计或改进启发式算法，并用其求解此类问题。该类方法在处理此类问题时相比较而言表现出了更多的优势，在计算时间及工具方面的优势更为明显。这就为解决复杂的多目标优化问题提供了可能，由于此类问题涉及因素多,复杂性较高,计算量往往也会较大,在合理的时间内求得满意解或解集更符合相关物流企业的实际需求。但随着问题的约束条件及目标函数不断增加,只是采用单一的启发式算法已经无法更好地解决此类问题,一方面需要结合实际问题对其进行改进,如将粒子群或蚁群算法与其他算法结合以改进原算法的不足,混合算法的提出将会成为一种发展趋势;另一方面就是基于人工智能的思想提出更多求解此类问题的算法,尤其是针对高维多目标优化问题的算法研究,将会成为非常具有价值的研究课题。

(6)物流行业的碳排放问题是当前研究的热点问题,其主要方法有三种:一是将碳排放作为约束条件;二是将碳排放转化为成本的一部分;三是将碳排放作为多目标模型的目标函数之一进行处理。而不同的碳排放政策也会影响对LRIP的研究策略,如考虑碳税政策、碳交易政策、强制碳排放政策及碳补偿政策,也有将其转化为碳足迹等来衡量碳排放量的相关研究;加之冷链物流需要保持温度的合理控制,在能源消耗方面的成本投入更大,因此,针对冷链物流的碳排放问题研究更具有现实意义。

1.3　主要研究内容及创新点

1.3.1　主要研究内容

本研究在梳理我国冷链物流系统演化过程的基础上,以生鲜农产品冷链物流网络多目标优化问题为研究对象,分别研究基本的LRIP、带时间窗的LRIP及引入碳交易机制的LRIP多目标优化问题;并根据不同问题的特征及约束条件,有针对性地构建相应的多目标问题优化模型,并设计改进多目标优化算法对其进行求解。其主要研究内容如下:

第1章,绪论。阐述本书的研究背景及意义,综述国内外生鲜农产品冷链物流系统演化及冷链物流网络优化的研究进展,简要介绍本书的主要研究内容、研究框架、创新点及研究方法。

第 2 章,冷链物流网络相关理论。介绍冷链物流系统演化及集成优化的相关概念及理论,如自组织、供应链、物流、优化等理论,并阐释冷链物流、网络优化、带精英策略的非支配排序遗传算法、多目标粒子群算法、多目标蚁群算法等多目标算法,为相关研究奠定理论基础。

第 3 章,生鲜农产品冷链物流系统的自组织演化分析。讨论冷链物流系统的构成及功能,并研究冷链物流系统自组织演化的前提、诱因、动力等问题。

第 4 章,随机需求下的生鲜农产品冷链物流集成优化问题。研究涉及生鲜农产品生产基地、配送中心及零售点的冷链物流两级分销网络多目标优化问题,建立以冷链物流总成本(选址、库存、运输费用、货损)最小为目标的数学模型,针对该复杂的组合优化模型,将离散型粒子群优化算法与变邻域搜索算法相结合设计改进的离散型粒子群优化算法,研究该算法求解冷链物流网络多目标问题的有效性及可行性。

第 5 章,带时间窗的生鲜农产品冷链物流集成优化问题。研究考虑顾客时间窗约束的冷链物流网络优化问题;以最优选址、库存容量最优、成本最小、车辆路径最优为目标函数,并在满足客户时间窗的约束条件下,构建一个带时间窗的冷链物流多目标优化问题模型;设计了改进的多目标蚁群算法对模型进行求解;通过仿真实验分析了考虑时间窗的冷链企业总成本的情况,为冷链物流企业解决带时间窗的物流网络优化提供了参考。

第 6 章,考虑碳排放的生鲜农产品冷链物流集成优化问题。以生鲜农产品为对象,考虑多个配送中心与零售点,涉及生鲜农产品生产基地或采摘基地、货物配送中心及产品零售点的冷链两级分销网络系统;将碳交易成本引入冷链物流网络优化问题,通过分析碳交易机制下的碳排放量与碳成本核算,以选址最优、库存成本最小、车辆路径最优、配送成本最小为目标函数,并以减少碳排放为约束条件,建立了考虑碳排放交易的冷链物流选址—库存—路径多目标优化问题模型;针对该多目标优化问题模型,引入差分算法改进了 NSGA-II算法对模型进行求解,并通过与传统的 NSGA-II算法相对比,得出算法的有效性及可行性。

第7章,总结与展望。对研究成果进行归纳,并展望该领域未来的研究方向。

研究框架如图 1-1 所示。

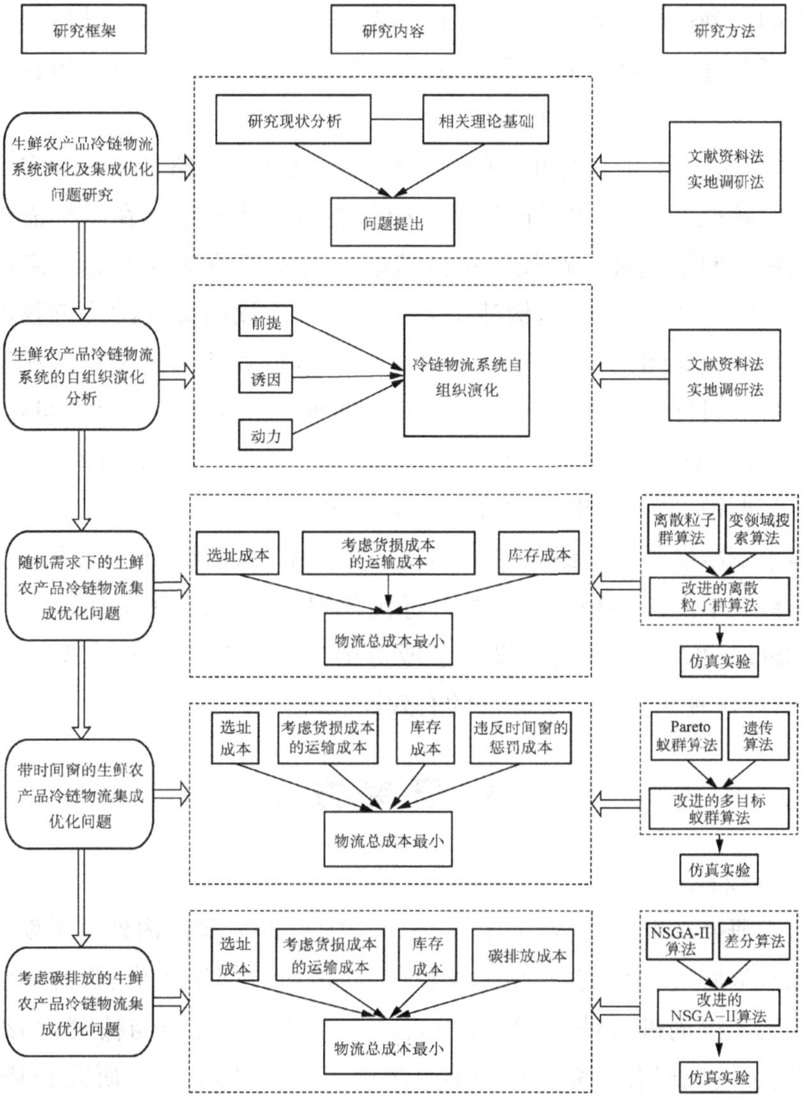

研究框架　　　　　　　研究内容　　　　　　　研究方法

生鲜农产品冷链物流系统演化及集成优化问题研究

研究现状分析　　相关理论基础

问题提出

文献资料法
实地调研法

生鲜农产品冷链物流系统的自组织演化分析

前提
诱因
动力

冷链物流系统自组织演化

文献资料法
实地调研法

随机需求下的生鲜农产品冷链物流集成优化问题

选址成本　　考虑货损成本的运输成本　　库存成本

物流总成本最小

离散粒子群算法　　变领域搜索算法

改进的离散粒子群算法

仿真实验

带时间窗的生鲜农产品冷链物流集成优化问题

选址成本　　考虑货损成本的运输成本　　库存成本　　违反时间窗的惩罚成本

物流总成本最小

Pareto蚁群算法　　遗传算法

改进的多目标蚁群算法

仿真实验

考虑碳排放的生鲜农产品冷链物流集成优化问题

选址成本　　考虑货损成本的运输成本　　库存成本　　碳排放成本

物流总成本最小

NSGA-II算法　　差分算法

改进的NSGA-II算法

仿真实验

图 1-1　研究框架

1.3.2 创新点

本研究主要创新点如下：

（1）构建了随机需求下的冷链物流网络选址—路径—库存基本问题模型，并设计了改进的离散型粒子群优化算法。针对冷链物流网络基本多目标优化问题，以配送中心选址最优、库存成本最少、考虑货损成本的车辆运输成本最少为目标函数，建立了非线性整数规划模型，设计了改进的离散型粒子群优化算法对模型进行求解，通过仿真实验表明算法的有效性及可行性。

（2）构建了带软时间窗的冷链物流网络选址—路径—库存多目标优化问题模型，并提出了改进的多目标蚁群优化算法。在随机需求下冷链物流网络选址—路径—库存基本问题模型的基础上加入满足客户软时间窗的约束条件，构建了一个考虑客户软时间窗的冷链物流网络多目标优化问题模型；设计了将 Pareto 蚁群算法与遗传算法相结合的改进多目标蚁群算法，通过仿真实验表明了算法的有效性及可行性。

（3）构建了考虑碳排放的冷链物流网络选址—路径—库存多目标优化问题模型，并提出了改进的 NSGA-Ⅱ算法。将碳交易成本引入随机需求下冷链物流网络选址—路径—库存基本问题模型中，建立了碳交易机制下的冷链物流网络多目标优化问题模型；将差分算法与传统的 NSGA-Ⅱ算法相结合，设计了改进的 NSGA-Ⅱ算法对模型进行求解，通过仿真实验表明了算法的有效性及可行性。

1.4 研究方法

1）文献资料法

本研究选取"ISI Web of Science""中国知网"等国内外电子期刊网站和数据库，以生鲜农产品冷链物流、冷链物流网络优化、物流系统演化等为关键词进行搜索，并对相关研究成果进行分析与梳理，归纳研究现状，发现现有研究存在的不足之处，在此基础上把握研究趋势，并形成本研究探讨的主题。

2）实地调研法

为了了解我国生鲜农产品冷链物流系统的演化过程及现状,作者制定了详细的调研提纲及问卷对上海、江苏、浙江、北京、山东、深圳、福州等地的生鲜农产品冷链物流企业及相关管理部门进行了调研。

3）多目标优化算法

本研究针对随机需求下的生鲜农产品冷链物流集成优化问题设计改进了一个离散型粒子群优化算法对其进行求解;针对带时间窗的生鲜农产品冷链物流集成优化问题提出了改进的多目标蚁群优化算法对其进行求解;针对考虑碳排放的生鲜农产品冷链物流集成优化问题提出了改进的 NSGA-Ⅱ算法对其进行求解。通过实例验证,本研究所提出的多目标优化算法具有可行性及有效性。

1.5　本章小结

首先,阐述本研究的研究背景及意义。通过分析发现生鲜农产品冷链物流系统是一个复杂的系统,由于我国冷链物流发展较晚,发展过程中存在诸多问题,并且我国形成了具有中国特色的发展模式,为了了解这些问题需要对其演化过程进行梳理,以期为后续研究奠定基础;在此基础上发现冷链网络优化的全过程是围绕着客户服务目标对设施选址、库存管理和车辆路径安排这三个关键问题进行决策的,这三大问题已经成为冷链物流网络的核心问题,将这些问题进行多目标优化符合冷链企业发展的实际情况。其次,梳理了国内外关于冷链物流网络多目标优化问题模型及算法的研究进展。通过研究发现,该类研究不仅涉及两两多集成优化问题,如选址—路径、库存—路径、选址—库存等问题,而且还包括选址—路径—库存三个环节的多目标优化问题;该类问题的优化模型主要分为连续型模型及离散型模型;求解该类多目标优化问题的算法包括 MOGA、MOACO、NSGA、NPGA、SPEA、NSGA-Ⅱ、MOPSO 等进化多目标优化算法。最后,简要介绍了本研究的主要研究内容、研究框架、创新点及研究方法。

2　冷链物流网络相关理论

2.1　引　　言

　　随着供应链管理及关键技术的不断发展,供应链集成化、协同化及整体化的特点已经十分显著,冷链作为一类特殊供应链不仅具有这些特点,更具有时效性、易腐性、高能耗性等特征。这些特征也决定了冷链物流网络优化问题的复杂性,该问题包括连续性问题及离散性问题。此类问题的理论基础主要有自组织理论、供应链理论、物流理论、最优化理论及方法等。近年来,计算机技术的不断发展及大量新算法的出现,为解决该类问题提供了更多的思路和方法。针对该类问题的求解,其主要决策要素包括战略策层次的选址决策、策略层次的库存决策及运作层次的调运决策。这些因素构成的冷链物流网络是什么?冷链物流网络经历了怎样的发展历程,具有哪些特点?所形成的问题是单目标还是多目标优化,如何求解?本章将围绕以上几个问题进行理论分析。

2.2　冷链物流网络相关概念

2.2.1　冷链物流

　　《诗经》中早有"凿冰冲冲,纳于凌阴"的诗句反映中国自古就有用天然冰保藏食品的传统[141];古籍《周礼》中更是提到过一种用来储存食物的"冰鉴"[142],它也被称为人类最早使用的"冰箱"。中国古代的人们已经可以灵活地使用"冰箱"技术,他们在产品运输、储存及保质方面应用了该项技术。据明代黄省曾所著《养鱼经》一书中的记载,那时的渔民用冰来保存刚刚打捞上来的鱼,因为保障鱼肉新鲜的时间长了,所以他们就可以将鲜鱼通过此方法卖到更远的地方;该方法成为我国有记载以来最早的"冰鲜"运输方式[143]。这些资料都说明"冷链物流"在中国有着悠久的使用历史。19世纪上半期,冷冻机的发明为现代冷链物流的产生奠定了重要的物质基础,此类冷媒的出现促使食品保藏技术取得了划时代的发展[144];1834年,英国人Jocob Ferkjng发明了以乙醚为制冷剂的压缩式冷冻机,此后电冰箱的广泛使用,让生鲜、冷冻冷藏食品顺利进入消费者家中[145]。1894年,美国人Barrier和英国人Ruddich最早提出冷藏链(cold chain)的概念[146]。

20世纪30年代,欧美等国的冷链体系已经初步形成[147];随着各类需求的不断增加,20世纪40年代,冷链得到了足够的重视并迅速发展起来;进入20世纪50年代,气调贮藏技术开始应用于各类食品的贮藏保鲜过程中[148]。1958年,美国Assad等人提出了证明冷冻食品品质的"3T"概念,即产品的品质及质量安全依托于在冷链环节的库存及配送的时间(time),产品预冷、包装、储存、运输工具及展销的温度(temperature)及产品的耐藏性(tolerance)。1970年,美国学者Zor提出"3P"理论,"3P"即为冷链产品的原材料(product)、处理或加工工艺(processing)和产品的包装(package)。"3C"原则是指冷链过程中的冷却或预冷(cool)、清洁(clean)和小心(care)[149]。这些观点成为低温食品与冷藏链发展的重要理论基础。通过对文献梳理发现,国外学者多将冷藏链称为易腐食品冷藏链(perishable food cold chain)。以生鲜农产品为例,可以发现该系统是由采收或捕捞后的产品在短时间内进行预冷保鲜,通过短暂运输或直接进入不同温度的冷库进行存贮,经过配送中心的产品分配、冷链配送车辆或工具的低温运输,配送到批发商场冷柜或客户冰箱等环节组成的"特殊供应链系统"[145]。与这条冷链对应的物流网络各环节的主要技术包括各类冷冻冷藏制冷技术、产品的包装技术、安全卫生及质量检验技术、多温控制的库存技术、配送环节的低温控制技术、产品质量及产地的追溯技术以及物联网等信息化技术[150]。冷链关键技术对冷链物流的发展至关重要,该问题也成为国内外学者关注的热点。加拿大学者 Kassianenko 和 Wszol 强调了冷链物流体系在控制食品安全过程中的重要性,并进一步阐述了食品冷链的构成,他们认为国际上公认的"危害分析的临界控制点"(hazard analysis critical control point,HACCP)可以有效地保障食品的质量安全[151];James 等学者认为,冷链物流的目的是最大限度地保证冷冻冷藏货物的品质,而不是单纯地以制冷为目的[152];Chen 等人系统地分析了射频识别技术(radio frequency identification,RFID)在提高生鲜农产品冷链物流风险管理及产品质量安全等方面的作用及作用机理[153];Kuo 与 Chen 研究了冷链物流技术,提出冷链物流的发展离不开各类技术的支持,而多温度共同配送技术是通过建立不同温度的冷藏环境实现冷冻冷藏货物的配送[154]。国内学者孙金萍从制冷理论及方法的视角指出冷链是指合理制冷技术使得生鲜农产品及货物等自捕捞或采收以后进行产品预冷处理、分类包装、存储、配送再到销售环节的所有环节始终保持在合适的低温环境中,从而保障产品质量及品质的一系列综合设施和手段[155];谢如鹤提出冷链是结合现代科学技术及相关保鲜工艺,保障易腐产品或货物自生产到消费者的一系列过程都处在特殊系统中,从而保持产品质量及品质的系统[156];王之泰则认为冷链是对特定产品或货物自生产到流通,再到消费的全过程都处在特殊的低温环境系统[157]。

上述研究从不同的角度对冷链物流的定义进行了阐述,但到目前为止国内外学术界对它还没有形成统一的认识,为此有必要对其定义进行科学的梳理和归纳。国内外对冷链定义的阐述如表 2-1 所示[155]。

表 2-1　国内外对冷链定义的阐述

	作者或机构	具体内容
国外	Albert Barrier 和 O. A. Ruddich（1894）	最早提出了冷藏链的概念
	欧盟（European Union）	冷链是指易腐产品的特殊供应链系统，它包括产品经过生产、加工、包装、配送以及消费环节的一系列有温度控制的过程
	美国食品药物管理局（Food and Drag Administration）	冷链的低温控制系统贯穿了生鲜农产品从"农田"到"餐桌"的所有环节，这个系统可以防止有害物质的产生，从而更好地保障产品质量
	《日本大辞典》	冷链是指低温流通体系，强调冷链物流技术的发展，普遍采用包括采后预冷、整理、贮藏、冷冻、运输、物流信息等规范配套的流通体系
	Francois（2003）	冷链物流是指易腐产品、药品及生鲜食品等在生产、储藏、运输、销售直到消费前的各个环节中始终处于规定的低温环境下，以保证食品质量安全、减少损耗、防止污染的特殊供应链系统
	Singh（2008）	冷链物流是指一个特殊的低温供应链系统。该系统不仅分布在相关产品的生产包装环节，还延续至产品的销售环节，它的使用对于产品和企业来讲都是有益的，它不仅可以提高产品的保质期，还可以保障品质及口味
国内	孙金萍（1997）	冷链是指合理的制冷技术使得生鲜农产品及货物等自捕捞或采收以后进行产品预冷处理、分类包装、存储、配送再到销售环节的所有环节始终保持在合适的低温环境中，从而保障产品质量及品质的一系列综合设施和手段
	谢如鹤（1998）	冷链是结合现代科学技术及相关保鲜工艺，保障易腐产品或货物自生产到消费者的一系列过程都处在特殊系统中，从而保持产品质量及品质的系统
	张英奎（2001）	冷链是指生鲜农产品或易腐货物自生产或采摘以后应该迅速进入预冷环节，之后所有的环节直到消费都应该确保该产品处在低温控制系统中，这套系统可以保障相关产品的品质及质量安全
	《中华人民共和国国家标准：物流术语（GB/T 18354-2006）》	冷链是指根据物品特性，为保持其品质而采用的从生产到消费的过程中始终处于低温状态的物流网络
	王之泰（2010）	冷链是对特定产品或货物自生产到流通，再到消费的全过程都处在特殊的低温环境系统
	《农产品冷链物流发展规划》（2010—2015）	该定义结合农产品的特性，指出冷链物流是指此类产品从采摘或捕捞后，进行的预冷、分类包装、冷库储存、产品配送及到消费者的所有过程有低温控制系统进行保障；该系统可以很好地保障农产品的质量安全，减少相关环节产生的价值损耗
	刘宝林（2010）	冷链物流系统需要借助于先进的制冷技术，来保障生鲜农产品自生产以后到零售点的整个过程都有特殊的低温控制系统中，有利于产品质量和品质得到保证

人们可以通过"冷链"这个词汇了解它的基础内容、涵盖的范围、特征及流程等信息。从国外学者及机构对于冷链的界定来看，冷链涵盖的范围非常广泛，不仅包括生鲜农产品及易腐食品，还包括药品、疫苗、血液制品、化学品、工业用品等[158]；他们认为冷链是从生产到最后消费的整个过程都处在低温控制下[159]。我国学者多是以冷链物流配送的不同物品特性为基础来阐述其内涵，所涉及的产品多是生鲜农产品、易腐食品和药品[160]。

　　通过梳理可以发现国内外学者对冷链定义的解释虽有不同，但都强调了冷（低温）和链（从生产到消费）是冷链物流必须坚持的部分。美国相关学者在对冷链物流进行定义的过程中，多是基于该国成熟的冷链物流体系及产业发展水平，对冷链物流的定义更多地体现了供应链的思想[161]。欧盟则更加强调冷链关键技术的操作，他们认为，为了避免"断链"现象的发生，需要保障各环节间的有效衔接，并提出了冷链物流服务的标准，只有这样才能够提供高标准的冷链物流服务。日本也非常强调冷链物流的技术，他们认为，冷链物流的整个服务过程中需要应用冷链关键技术进行及时的检查与维护，只有这样才能保障相关服务的有效性及高标准化。这些国家和地区的冷链物流体系发展已经相对成熟，并形成了规范配套的冷链产品流通体系。相比于国外学者的研究，国内学者提出了更加符合我国国情的观点。为了更好地进行相关研究，本研究采用2010中华人民共和国国家发展和改革委员会编制的《农产品冷链物流发展规划》（2010—2015）中对冷链物流的定义[162]。

　　为了系统地了解冷链物流的内涵，本研究从不同的角度对相关定义进行了对比分析，具体如表2-2所示。

表2-2　冷链定义对比分析

研究角度	研究对象	研究范围	研究者或机构
从食品、医药、化学品等冷链对象角度	易腐食品、蔬菜、水果，还包括药品、化学品、工业用品等	采收、加工、包装、库存、运输及销售等环节	孙金萍（1997）、谢如鹤（1998）

（续表）

研究角度	研究对象	研究范围	研究者或机构
从产业角度	生产者、加工者、管理者及消费者	生产或捕捞、加工、贮藏、运输及销售	王之泰（2010）
从设施角度	冷冻机、制冷技术、运输设备等	整个生产和流通范围内	吕峰（2001）、刘宝林（2010）
从物流角度	农产品、水产品及冷冻食品	从产地收购或捕捞后到销售环节	《中华人民共和国国家标准：物流术语（GB/T18354－2006）》《农产品冷链物流发展规划》（2010—2015）、《日本明镜国大辞典》、《日本大辞典》
从供应链角度	易腐食品及货物	从供应商、批发商到销售商	美国食品药物管理局（Food and Drag Administration，FDA）、欧盟（European Union）、Francois（2003）、Singh（2008）、张英奎（2001）

通过对冷链物流内涵进行分析可以发现，冷链物流的适用范围十分广泛，尤其是随着居民生活水平的提高，所需产品的种类日趋丰富，冷链可以通过低温系统保障产品的质量安全及品质，为消费者选择多样化的产品提供了便利。冷链系统所提供服务的产品不仅包括果蔬、水产品、禽蛋类、花卉、肉类及速冻食品等初级加工农副产品，还包括奶制品、饮料、巧克力、酒及冰激凌等深加工产品，以及药品、疫苗、皮革制品、化工产品等特殊商品[163]。

由于各类产品对温度要求有所不同，这就加大了冷链物流的服务难度。为了全面掌握不同冷链产品对储藏及运输时温度的要求，本研究梳理了部分低温冷链产品的温度要求，具体如表 2-3 所示。

表 2-3　部分低温冷链产品的温度要求

物品	温度要求	温层
冰激凌及其他冷冻食品等	−28℃～−23℃	冷冻层
冻肉、禽及部分水产品等	−22℃～−10℃	冷冻层
奶制品、豆制品、疫苗等	0℃～5℃	冷藏层
巧克力、酒类、果蔬等	6℃～15℃	常温层

由于冷链产品具有易腐性,它的品质往往会受到温度、湿度、仓库环境的氧气含量、产品中的水分等因素的影响;如果在物流服务过程中操作不当或不能根据产品性质提供必要的低温环境,将会加快该类产品的腐败速度,影响产品的质量安全。所以冷链产品的多样性及多层次性决定了冷链物流具有不同于一般物流的特点。它的主要特点包括:①温度控制严格。冷链产品变质现象的发生主要随着温度的升高而不断增加,其不仅包括因微生物、酶、呼吸作用、化学反应、物理作用等引起的腐烂变质,还包括因温度的降低引起的产品酶活性减低造成的产品口感及结构变化等。②运营管理复杂。由于冷链物流的正常运营涉及制冷技术、温度控制技术、质量检测、解冻技术、追溯技术、运输及信息化技术等,这些因素提高了冷链企业运营管理的复杂性。③时间窗约束。由于冷链物流服务对象多为易腐性产品,随着时间的增加,其品质及质量会逐渐降低,为此需要在合理的时间窗条件限制下完成物流作业,提高客户服务满意度。④高成本性。冷链物流相关设施设备的建设投入较大,如果缺少那个环节将会增加"断链"风险,对于相关企业而言,高额的投入成本也增加了经营风险;同时由于冷链产品的特殊性,货损率相对较高,也会增加一定的成本[163]。正是因为以上特点使得冷链物流的模式与一般物流的模式有所区别,其具体模式如图 2-1 所示。

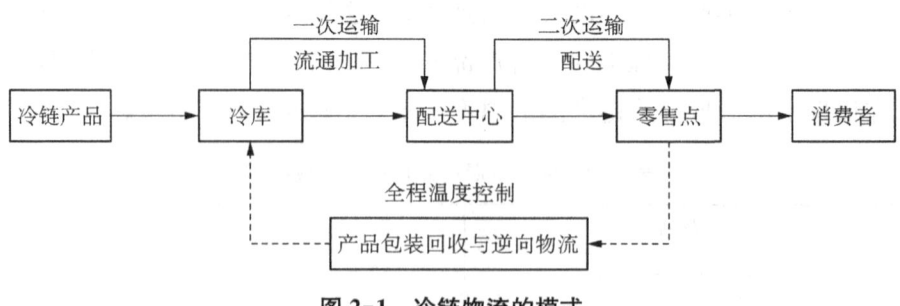

图 2-1　冷链物流的模式

通过对冷链的内涵、服务范围及特征进行分析,发现冷链物流是根据不同物品的特性从原材料的供应、生产、加工、包装、库存、运输,直到最终消费为止的一系列低温度控制的特殊供应链系统。整个过程以冷冻工艺学、食品安全学、供应链及物流学等理论为基础,以相关制冷技术和射频识别技术、二维码等信息技术为手段,以冷链设备为保障,因此,冷链物流也称低温物流(low temperature logistics),是一种特殊的供应链物流模式[157]。随着计算机技术的不断进步,该物流模式逐渐实现了以网络作为平台,在低温条件下实现点对点全程跟踪管理服务的物流体系[164]。冷链系统的特征主要包括两个方面:一方面,所服务产品的特殊性,冷链产品受温度的影响较大,具有易腐败的特性;另一方面,冷链物流作业环境的特殊性,要求产品的储藏、包装及运输等环节必须控制在合适的低温环境下。为了保障该系统的主要特征需要冷链物流的整个过程安装相应的特别装置,随着物联网的建设以及智能化设施的使用,都不断增加了物流的总成本。因为它不仅包括运输成本、选址成本、库存成本、固定成本及惩罚成本,而且还包括为低温控制系统产生的高能耗成本及产品品质随时间增加而减低的货损成本等。它同时也是一项受多因素制约和影响的复杂的系统工程,这项工程的特殊性也表现出它必然是与先进的科学技术、高额的投资、先进系统化管理等紧密相连的。

2.2.2 冷链物流网络

在了解冷链物流网络内涵之前,需要对物流网络(logistics network)的含义有一个清晰的认识。国内学者朱道立等人认为物流网络是指产品从供应地向销售地移动的流通渠道[165];王之泰认为从运输线路及设施节点角度提出物流网络是由这两个因素组成的,配送线路及设施节点因其结构、组成、联系方式的不同,往往会形成不同类型的物流网络[166];缪立新等人从网络角度对物流网络进行了阐释,认为物流网络是指实现物流系统各项功能所形成的网络组织形式,其不仅包括物理层面上的网络,还包括信息网络系统[167];徐杰和鞠颂东基于物流运作形态细分的角度认为物流网络是随着科学技术及计算机技术的发展,在社会经济快速发展的背景下产生的,它的产生伴随着物流系统化及社会化的过程,它是分别由信息、设备及组织形成协同发展的网络体系[168]。《中华人民共和国国家标准:物流术语(GB/T 18354-2006)》指出物流网络是物流过程中相互关联的组织、设施和信息的集合[1]。通过对上述观点进行分析发现,物流网络包括相关设施,如生产厂商、大型港口或仓库、配送中心、配送车辆等;还包括连接物流网络各环节的公路、铁路、水路及航空等运输路线。正是这些环节、设施及要素等构成了一个网状的系统,该系统的工作原理主要由输入、转换、信息反馈及输出四个部分构成。

这四个部分的功能主要包括物流产品的生产、运输、分拣、包装、储存、配送等[168]。从功能、服务范围、运作形态角度可以将物流网络分为不同的类型,本研究主要结合国内学者鞠颂东的研究成果[169]将物流网络分为"物流组织内部网络""物流组织与其他组织间的网络""物流设施网络"和"物流信息网络"四类;而本研究主要研究"物流设施网络"的相关问题。结合《中华人民共和国国家标准:物流术语(GB/T 18354-2006)》对冷链的定义[1],可以发现冷链是一个网状结构的系统,该网络中的不同节点及线路间紧密联系,任何一个环节的变动都会对其他部分产生影响,只有各个环节相互协作才能提高运作效率。而冷链物流网络(cold-chain logistics network)除了具有一般物流网络的特点之外,它还有物流节点多、线路复杂、环节多、服务要求多样化及客户需求具有时变性等其他特点,它已经不是一个简单的线性问题,而是一个复杂的多目标非线性问题。冷链物流网络与一般物流网络相比都包括物流节点及配送线路两个基本元素,但是相比一般物流网络,它们不仅包括生产地、物流配送中心及客户环境,还增加了冷链产品的预冷环节、冷藏环节、特殊包装环节及低温配送环节,以生鲜农产品为例,它不仅具有其他产品的物流过程,还有产品预冷及低温配送等特别环节。由此可以发现,冷链物流网络由预冷子系统、包装及加工子系统、运输子系统、冷藏库存子系统、配送子系统、产品展销子系统及贯穿始终的信息子系统组成。由这7个子系统构成的冷链物流网络多分为三种模式,分别为同一个区域内、跨区域及单个独立经济体的模式[170]；不同类型的冷链物流网络模式不仅促进了冷链产业的上、中、下游企业资源，而且有利于该产业链上各个环节的优势互补，为生鲜农产品从"田间"到"舌尖"提供了有效的保障。冷链物流网络的优化主要包括两个方面：一方面是对冷链物流网络配送中心、冷库、分销中心等设施选址及数量的优化；另一方面是在此基础上确定配送路线及根据配送量确定车辆调度方案的优化[168]。本研究的重点在冷链物流网络配送中心的选址、库存及配送路径问题，涉及以上三类冷链物流网络模式。由于冷链产品的特性，中国目前存在的冷链物流网络多为三层或四层的网络架构，三层网络主要包括生产商、配送中心、销售点；四层网络多适用于地域较广的冷链物流活动，是在三层网络结构的配送中心层级下增加了一个分销中心。但是多层级的物流网络会加快产品的消耗，不利于冷链产品的质量安全，所以冷链物流网络规划或设计要尽量减少网络层级。

2.3 理 论 基 础

2.3.1 自组织理论

"自组织"这一概念最早由比利时物理学家兼化学家 Prigogine 在 1977 年提出[171]；随后学者 Haken 对该问题进行了深入分析，并通过对比分析了自组织与组织的差异，从而更准确地提出了"自组织"的含义[172]，他认为若一个系统不借助外部指令仅仅依靠内部要素相互默契的规则，就形成稳定有序的结构，获得某些特定的功能，那么这个系统就是自组织系统。自组织系统无需依靠外界指令就能够按照某种规律自行发展、自行复制、自行演化，如自然界的集体运动[173]、细胞的形态转变[174]。随着自组织理论的研究不断深入，越来越多的学者将其应用到了自己研究的问题中，所涉及的范围也逐渐扩大，研究体系也逐渐清晰，由此逐渐形成了自组织理论。

1）突变论

在自然界与人类社会中，除了逐渐的、连续的变化外，还存在着大量的突然变化和跃迁现象，如技术创新[175]、经济危机[176]、人员流动等，突变论就是主要研究事物从一种稳定组态跃迁到另一种稳定组态的现象和规律。该理论认为，可以用一组参数来描述系统所处的状态，当描述系统状态的函数值唯一时，系统就处于稳定态；当函数值存在多个极值时，系统就处于不稳定状态，函数值由唯一值变到多个极值再变为新的唯一值时，系统状态就发生了一次突变。突变论、耗散结构论和协同论基于有序与无序的转化机制，将系统的形成、结构和发展相联系，共同推动系统科学发展[9]。

2）耗散结构论

耗散结构论用于阐述自组织出现的条件环境问题，只有满足耗散结构的系统才具有自组织特征[177]。根据 Prigogine 的观点，系统必须同时满足四个必要条件才算具有耗散结构，才符合自组织特征。第一，系统必须开放，这样才能够与外界进行物质、能量和信息的交换，才有了产生和维持稳定有序结构的可能；第二，系统必须远离平衡，这样才有了向有序转化的推动力；第三，系统内部要素之间的作用必须是非线性的，这样系统才有了自我放大的能力[178]，能够产生突变行为；第四，系统需要有一定的涨落，这样系统才有了发生状态改变的诱因[9]。

3）协同论

协同论研究系统在内部子系统的相互作用下和外部参量的影响下，以自组织的方式在宏观层面上形成时间、空间和功能上有序结构的条件、特征及其演进规律。Haken 指出自组织系统的状态可以借助一组状态参量来描述，不过这些状态参量在临界点处的变化具有明显差异[179]：一类变量在临界点阻尼大，非常活跃、衰减较快、数量很多，但对系统演化的整个过程没有明显的影响，属于快弛豫变量；另一类变量个数较少，在临界点阻尼很小，甚至出现无阻尼现象，自身衰减较慢，属于慢弛豫变量。快弛豫变量对于系统演化进程和新结构特征的影响很小，而慢弛豫变量像一只无形的手，能够将系统内部要素有条不紊地组织起来,形成新的有序结构,这些慢弛豫变量就是系统的序参量。序参量集中概括了系统的信息,表示着系统的有序结构和类型,如光学中的激光和认知科学中的协调动力学。序参量是系统变革前后所发生质变的最突出标志,是了解系统演化行为,掌握系统演化规律的关键。序参量决定着系统的演化方向和演进速率[9]。

序参量是描述系统整体行为的宏观变量,既可能是可测量的物理量,也可能是某种抽象的量;序参量可能不止一个,序参量之间存在竞争与协同,但是在一个不可能再微分的时间间隔内,只能有一个序参量居于主导支配地位,即超序参量(也称为主序参量)。需要注意的是,序参量有时并不是逐渐产生的,其作用过程也并非从无到有,实际上,序参量是客观存在的,只不过在系统发展的某些阶段,其状态较为稳定,对系统演化的主导作用未能显现,以至于人们易于忽视它的存在[9]。

协同论把外部环境对系统的作用因素取名为控制参量,认为系统的控制参量对序参量的协同竞争具有导向作用,能够促使系统不断接近失稳的临界状态,并且当控制参量达到一定的阈值时,会导致某一个序参量在竞争中脱颖而出,成为超序参量,单独支配整个系统发展,引领系统向更高层次的有序状态演进[9]。序参量与控制参量为现代管理提供了新视角。从哲学层面来看,序参量就等同于对事物发展的主要矛盾或矛盾的主要方面的定量化表达,是"权重"思想的延续,体现了整体方法论思想的深刻内涵,只要控制了序参量,就能够把握系统整体的发展,通过对序参量采取针对性提升措施,即可优化系统发展效率。这就要求人们在现代管理中首先要学会抓主放次,科学识别影响系统发展的最重要因素,即系统的序参量;其次要学会顺势而为,分析序参量自身以及在序参量引领下系统的发展变动,有意识地通过调整控制参量对它们进行积极引导和扶持,更有效地减少系统从低级有序向高级有序过程演进的内耗,以他组织方式保障和推进自组织的高级有序演进[9]。

2.3.2　供应链理论

供应链(supply chain)作为一个新兴的研究领域始于20世纪80年代[180]，代表性的是 Michael E. Porter 在《竞争优势》一书中提出了"价值链"(value chain)的概念[181]。目前，对于供应链的定义，国内外学术界还没有形成统一的认识，David 认为供应链也被称作物流网络，是由供应商、制造中心、仓库、配送中心及零售店组成的，而原材料、在制品和成品等在这些环节间流动[182]；Lee 和 Billington 认为，供应链是指通过计划、协调、优化、控制供应链中的制造商或生产商、供应商、分销商、运输商等各环节的物流、信息流、资金流，来降低企业运营成本，提高运作效率和效益的系统过程[183]；Simon 认为，供应链就是一个由制造商、供应商及零售商等在内构成的企业网络系统，该网络系统通过对物流、信息流及资金流的合理运作，不仅可以产生更大的利润，而且有利于提高客户满意度[184]。国内学者赵先德及谢金星认为，供应链是指由组织、机构、企业等(如供应商、制造商、运输商、分销商、客户、最终消费者等)一系列的单元通过与上、中、下游企业连接所组成的网络结构，该网络通过不同的加工方法或途径将原材料转化为中间在制品，最后转变为最终产品并交付给客户的过程[185]。而供应链管理(supply chain management，SCM)则需要考虑供应链中不同层次上各环节的交互作用。国外学者 Willian 指出，供应链管理是从各类原材料或产品的供应商一直到产品最后的消费环节之间的原材料及产品流动的计划过程[186]，这一概念更强调物料在供应链各环节之间的流动。美国供应链协会(Supply Chain Council)认为，供应链管理包括计划、采购、制造及配送四个基本环节，管理的目的是通过不同的方法和策略对原材料的生产到最终产品的整个过程进行有效的管理[181]，该定义则从管理角度阐述了供应链管理涉及的部门及范围。国内学者刘丽文指出，供应链由原材料(包括零部件)的供应商、加工制造环节、零售点或者客户等部分组成；原材料(包括零部件)依次通过供应链中的相关企业将其变成产品，最终产品通过物流环节交付到消费者手中，由此构成了严密及系统的完整供应链体系[181]。为了提高整个供应链的竞争力,不仅要将所有环节中的企业作为合作伙伴,而且需要疏通影响各企业合作的壁垒,实现信息的及时共享,加快各环节的响应时间,提升客户满意度。

通过以上定义可以看出,供应链管理是从整体出发,去满足供应链各个环节及最终客户的需求,以最少的成本完成采购、库存、运输等环节,从而提高运营效率的过程。供应链管理主要涉及需求管理(demand management)、计划(planning)、订单交付(fulfillment)、物流管理(logistics management)、采购供应(sourcing)和逆向物流(reverse logistics)[187]。在供应链管理的过程中需要坚持以客户为中心,以创新为动力,不断提高相关企业的核心业务,优化服务流程,将可持续发展理念贯穿始终。同时要根据不同类型的企业有针对性地对资金流、物流、信息流等进行合理的设计;在当前电商飞速发展的前提下,要充分利用网络平台,提高服务的质量及内容。为了应对企业的及时生产要求,供应链上的每个企业要自动调整生产的时间及计划,对相应的变化做出快速反应。由此可以发现,供应链管理中的关键问题涉及企业的战略层(包括产品的设计,自制与外包决策,供应商选择,战略合作,仓库和制造厂及物流网络的数量、布局和容量决策等)、战术层(包括采购与生产决策、库存策略与运输策略等)及运作层(包括调度、报价提前期、制定路线和车辆装载等)[182]。企业在面对风险时,如果实施供应链战略可以与"链"上的每个企业共担风险,将风险降低,并利用不同企业的优势快速调整策略,为企业的健康发展提供活力。Fisher 同样研究了该类问题,并从另一角度解释了设计在供应链中的重要性,他指出产品是设计的重点,要考虑到产品的质量、外观、功能等与整体供应链的契合度。因此需要先确定市场中的消费者需要什么类型的产品、什么功能及质量的产品,近年来产品的外观、时尚性及怀旧风格等也成为影响客户选择的产品时考虑的重要因素;这就要求企业应该结合大数据的技术深入挖掘客户的潜在需求,并准确定位客户的需求类别;针对个性化需求的客户,可以通过量身定做或特殊设计来满足消费者的需求,从而不断提高产品的竞争性[183]。此外,不同类型的产品具有参差不齐的生命周期发展过程,企业不同阶段的产品往往也会根据市场的具体需求来作相应的预测,产品的多样化发展策略等都将成为供应链设计时需要重点考虑的问题[188]。由于市场中不同类型的产品对供应链设计要求存在着一定的区别,按照产品的需求特征可以将其分为功能型产品和创新型产品[189]。其中反映供应链相关环节物理功能的是效率型供应链;体现市场中介功能的是响应型供应链,即通过对市场中信息的分析,及时判断产品的需求点或需求量,对所服务的企业可以做到快速反应,并且可以挖掘潜在的市场需求[189]。因此,通过准确定位不同产品的需求及特性后,可以有针对性地设计符合市场需求及不同个性化特征的供应链系统。由于供应链系统涉及的环节与因素较多,所造成的动态性及不确定性情况时有发生,不同企业或合作方追求的目标存在冲突,这些都对实现整个供应链的系统性优化造成较大的困难。但面对日益加剧的市场竞争,企业需要整合供应链中的相关企业来降低存在的风险,为企业的未来拓展生存空间。因此,将各个环节问题进行综合考虑的多目标优化成为供应链相关企业必须面对的现实问题。

冷链物流作为一种低温特殊供应链系统,有利于保障生鲜农产品的质量及安全。近年来,随着我国消费者对生鲜农产品需求的不断增加,推动了我国冷链物流业的飞速发展;与此类现象相对立的是,我国冷链物流硬件设施或设备陈旧老化,第三方冷链物流企业发展滞后,配套资金缺口较大,包装及保险技术落后等问题造成我国的冷链物流"断链"现象严重。由此可知,冷链物流对温度的控制要求比较高,需要保障相关产品自始至终都处在一个合适的低温环境中,这对冷链物流的各个环节提出了较高的要求,为了避免"断链"现象发生,需要将各个环节形成紧密协调的"链"式结构,形成真正意义上的低温特殊供应链系统。而该系统就成为一种必须建立在供应链管理理论基础之上的特殊物流系统。它的各个子系统通过相互协作,形成了一个严密的网络体系,贯穿于整个冷链物流的始终,有利于确保冷链产品的质量安全及物流服务的高效性[157]。本研究通过对生鲜农产品供应链节点发展现状的描述,加深了对该类型供应链的理解,掌握了各节点主体行为的规律;通过对影响其发展的因素,如配送中心选址、库存、车辆路径问题等环节进行深入分析,提出将三个环节的问题进行综合考虑,形成相应的多目标优化问题模型;为解决该类问题提供针对性的解决方案。

2.3.3 物流理论

物流、商流、资金流、信息流等是流通系统中重要的几类表现形式,它们之间相互作用但又有所区别,并且物流是其中重要的物质基础及保障体系。国外对物流理论的研究始于 20 世纪初期,第二次世界大战期间后勤管理的兴起,是物流发展的一个重要阶段。1948 年,美国市场营销协会将物流定义为物质资料从生产阶段移动到消费者或利用者手中并对该移动过程进行管理[190]。随着相关研究的不断深入,物流问题得到了许多学者的关注,1962 年,现代管理学大师 Peter F. Drucker 把物流称为经济界的"黑大陆"[190]。20 世纪 70 年代,日本早稻田大学西泽修教授等在《流通费用》一书中提出物流系统是尚待开发的"第三利润源";并且他还提出了"物流冰山说",为物流研究奠定了重要的理论基础[190]。1998 年,美国物流管理协会(Council of Logistics Management, CLM)提出物流是供应链运营与管理的重要组成部分,是重要的资源之一;它不仅负责相关产品从产地到消费者的运输、库存及分配等过程,还包括根据客观的要求对以上过程进行计划、协调与管理等过程[191]。随着物流业的不断发展,20 世纪 80 年代起,我国相关学者加快对其理论的研究,王之泰指出,物流是实物流通,是伴随商品所有权转移而出现的实体性产品的空间转移的过程[192]。根据《中华人民共和国国家标准:物流术语(GB/T 18354-2006)》的描述,可以认为物流是根据客户的要求,将产品经过包装加工或分拣、运输、储存、配送等环节递送到客户环节的一系列过程;该过程不仅涉及物与物空间的转移,还包括实现这一准确转移的保障体系(信息、设备及管理等)[1]。

张志勇与刘心报研究了我国的物流系统,并根据不同类别的物流发展特征提出了物流系统是一个体系与结构都相对复杂,环节丰富的有机整体,该系统不仅与相关物流设施、软件、人力等有关,还与社会的经济及文化存在着密切的联系[191]。随着研究的不断深入,不同学者针对物流发展的形态提出了相关概念,1975年,美国出现了专门负责企业内部物流的"第三方物流"(third party logistics,TPL)公司。Lieb认为 TPL 是指利用外部公司去完成传统上由内部公司完成的物流活动[193]。《中华人民共和国国家标准:物流术语(GB/T 18354-2006)》对 TPL 的定义是由供方与需方以外的物流企业提供物流服务的业务模式[1]。随着企业的飞速发展,企业的物流外包已经成为提升企业竞争力的有效举措,在选择 TPL 时需要企业结合自身的优势进行客观的评估,建立测量绩效的基准线,并且需要考虑到物流价格、服务水平、配送能力、错误率、问题反映能力、配送中心选址、车辆等因素。随着各国政府面对环境的压力促使了物流业中的逆向物流网络研究的发展,Stock最早针对此类问题进行研究,他指出逆向物流是通过对原有材料的再利用、替换、再生及废弃物处理等环节,提高资源节约和利用的物流活动[194];Fleischmann 则认为逆向物流与传统的物流及供应链方向相反,并明确提出了逆向物流系统需要经过系统性的规划和设计,来协调或控制不同类型产品售出后被退回或者因为质量问题的退货等的流通过程,其根本的目的是提高产品价值的再利用或拓展产品价值的转化及延伸[194]。Vahdani 等人基于多目标角度系统分析了钢铁类产品再制造的逆向物流问题,并构建了一个模糊多目标规划模型,结合排队理论及强健优化混合方法对模型进行了求解[195]。

　　通过以上分析可以看出,物流的基本目的是依据不同客户的需求有计划地实现货物的从一个地方到另一地方的空间移动。而所构建的物流系统则为该物流过程提供了必要的流通保障。该系统主要分为四个子系统,分别为负责提供产品或原材料的供应系统、负责将产品或原材料运送到指定地点的运输系统、负责相关产品审核接收的系统及监控整个物流环节或过程的监控系统。为了更方便理解这四个系统，可以将其细分为供应地、产品、包装、装卸、运输、仓库、接收地、监控及信息系统等[191]。随着物流产业的飞速发展，相关行业对物流行业的要求也在逐渐增加，物流业得到了社会的广泛关注。相关学者纷纷加入物流相关问题的研究中，一些物流理论开始形成，如逆向物流、精益物流、绿色物流等[196]。我国学者针对此类问题也提出了一些观点，如徐寿波院士的大物流论[197]、王之泰提出的"物流五要素构成"理论（物流基础理论、应用理论、应用技术、物流系统及管理理论）[198]、何明珂的物流五层次学科体系框架[199]、徐杰与鞠颂东的物流三个子学科划分[200]、李美羽等人提出的"模块化"的现代物流理论体系等[196]。在这样的背景下，现代物流业在快速发展的同时，所涉及的部门及领域也越来越多，不仅仅是从生产者到消费者之间的货物时空移动，而且还需要考虑生产者对原材料的采购、制造过程中的运输、保管、协调及信息管理等方面，成为将加工制造、运输及展销等环节进行统一的部门[201]；相对于传统物流在内容的深度上更加细化，在广度方面涉及门类更为广泛。随着电子商务的飞速发展，其对物流业又提出了新的要求，这类物流又被称为网上物流，它借助于互联网、物联网及大数据的技术，旨在创造性地推动物流行业新的商业模式不断出现[202]。由此可以发现，现代物流业已经逐渐成为一个提供多元化服务的大平台，所服务的内容不仅仅包括仓储、分拨和配送等，还增加了维修服务、电子跟踪、产品追溯、金融、品质保障等具有高附加值的项目[203]。

现代物流系统已经成为一个复杂的离散事件系统，在此类的物流系统设计与控制过程中往往存在许多优化的问题，而在解决这些问题时，用传统的解析方法难以获得最优解或满意解[204]；需要通过系统仿真手段来解决此类问题。随着供应链的不断发展，物流网络规模也逐渐增大，物流量也随之增长，研究内容也逐渐扩展到采购与供应商管理、库存管理、需求预测、设施选址、订单处理、销售及配送等环节，尤其是物流配送环节一直以来都是困扰其发展的"瓶颈"，将各个环节进行多目标考虑更是成为物流业发展过程中急需解决的重点问题。这些问题也同样的制约着冷链物流的快速发展，大大降低了冷链的附加值、经济和社会效益。面对该问题需要对该物流系统进行网络规划及设计、库存持有及管理、配送中心选址、车辆路径等环节进行综合考虑。

2.3.4 最优化理论与方法

1947 年 Dantzing 提出求解一般线性规划问题的单纯形法之后,最优化理论与方法作为一个重要的数学分支在全世界范围内得到了快速的发展;该理论研究的核心问题是如何在大量的方案或者数据中选择出最具代表性、最优的方案[205]。目前,所有的企业管理问题、交通运输问题、工程设计问题及机械制造问题等,都需要从众多研究方案中去选择一个最优的方案,在这个过程中采用何种方法来确定最佳方案,所使用的方法就是最优化方法,所形成的理论就是最优化理论。传统的做法是用数学语言来表达该类最优化问题,其实质就是怎样求一个一元函数或多元函数的极值问题。它是根据研究的最优化问题的要求设置相应的约束条件,通过构建相应的数学模型,以求解对应目标函数的最大或最小值的过程。

科学技术及计算机技术的迅猛发展,直接带动了最优化理论及学科的发展,为该学科的发展注入了强劲的动力,与传统数学方法相比,最直接的表现是利用计算机可以更快更高效地处理相关问题。如果解决的问题较为复杂或者处理的数据较多,需要先将待处理的问题按照要求及规则进行必要的转化,再将所形成的数学模型通过计算机技术进行处理,以便较快地进行寻优,为提出最优方案或最优解集提供支持。基于广义与狭义两个角度可以很清晰地了解最优化理论与方法的内涵,其中狭义的内容集中在非线性规划内容;广义的内容则相对丰富,除了狭义的内容外,主要包括线性规划、随机规划、非光滑规划、多目标规划、几何规划、整数规划、全局优化、网络优化、多目标优化以及智能优化等[206]。随着该理论的迅速发展,它已被广泛地应用于计算机、产品设计、物流网络优化、资源调度、军事等各个领域。

最优化问题的一般形式为[206]:

$$\min f(x)$$
$$\text{s.t.} \quad x \in X \tag{2-1}$$

$x \in R^n$ 是决策变量，$f(x)$ 为目标函数，$x \subset R^n$ 为约束集或可行域。如果约束集 $x = R^n$，则最优化问题公式（2.1）称为无约束最优化问题：

$$\min_{x \in R^n} f(x) \tag{2-2}$$

而约束最优化问题表达式为：

$$\min f(x)$$
$$\text{s.t.} \quad c_i(x) = 0, \quad i \in E \tag{2-3}$$
$$c_i(x) \geqslant 0, \quad i \in I$$

公式（2-3）中，E 代表的是等式约束的指标集合；I 代表不等式约束的指标集；$c_i(x)$ 代表的是约束函数。

在求解最优化问题时，如果所讨论的问题不考虑时间因素，就称之为静态问题；反之，更能反映企业管理或工程设计等的实际问题都有一定的时间要求，那么此类问题被统称为动态问题[207]。如果所研究的问题有车载量、时间窗、车型、碳排放、不确定性需求等约束条件，就可以将其称为约束优化问题[208]。

目前，有许多关于最优化问题的介绍，本研究通过对相关文献资料的整理，将其归纳为以下三类。第一类是连续型优化问题，其数学模型为求最优化的目标函数 $f(x)$，然后再求使得 $f(x)$ 最小的 x 点：$\min f(x)$；$x \in R^n$。它主要包括无约束优化问题和有约束的优化问题[209]。其中，无约束类型问题的数值解法主要包括单纯形搜索法、割平面法、分支定界法、共轭梯度法、信赖域法等[210]；而有约束问题的数值解法包括惩罚函数法与内点法等[210]。第二类是组合优化问题（combinatorial optimization），其中旅行商问题（traveling salesman problem，TSP）是最典型的组合优化问题，还有 0-1 背包问题、最大载问题、图的顶点着色问题等。这些问题都属于 NP-hard 问题，该类问题往往数据量较大，问题的复杂度也较高，如果采用精确算法会出现指数爆炸的现象,并且对于该类问题的求解不能在多项式时间内求得,它的求解时间会呈指数级增长[211];为了更好地解决该类大规模问题,相关学者多采用启发式算法对其进行求解[212]。第三类是智能优化问题。随着科学技术的不断发展,企业管理、生产调度及工程设计等问题的优化要求越来越高,这就为寻找解决该类问题的方法提出了更高的挑战。例如,所列目标函数为多峰函数或有多个具体的约束条件存在不连续、高度非线性及 NP-hrad 问题。由于传统的算法或方法在处理不确定性数据时的能力较差,使得可以在这样条件下求得最优解的算法得到相关学者的关注。启发式的算法就是在可以接受的条件内(如时间、占用空间等条件)去寻找最可以接受的解或解集,所以该类解更符合企业发展的实际,可以让管理者根据不同的情况选择合适的方案。智能优化算法作为一类特殊的启发式优化算法,是通过模仿自然和生物现象发展出来的一类新的优化算法[213]。典型的智能优化算法主要包括遗传算法(genetic algorithm,GA)、禁忌搜索算法(tabu search,TS)、模拟退火算法(simulated annealing,SA)、蚁群优化算法(ant colony optimization,ACO)等[213]。以上这些算法与精确算法存在着许多的差异,其中基于精确的数学方法来进行相关环节的操作成为最大的区别特征;同时该算法在寻优过程所需要的计算机的硬件配置相对较低及计算的时间消耗相对较小,因此它的适用性更广;它们的求解精度虽然相比较少,但是鲁棒性较高,这些算法的出现为解决大量不确定性或复杂性问题提供了更多的可能。同时也在不断丰富着现代的优化技术[214]。

通过对以上问题进行分析和梳理可知,最优化问题的求解方法大致可分为以下五类。第一类是解析法。它是一种求解优化问题的传统方法,使用该类方法时需要先认真分析所研究的问题,根据问题建立一个可以用若干个解析表达式表示的数学模型,在求解问题的过程中在解决该类表达式的基础上再设计相应的程序,直到完成问题的求解。但是该类方法可以准确表达实际问题的数学表达式难以构建,因此实用性较差。当面对高于五次的代数方程时,需要应用数值法对其进行求解。第二类是数值法。它是用直接搜索方法经过一系列的迭代以产生点的序列,然后进行数值逼近求得最优解的过程;别人可以利用数值计算的结果,而不能反向求得计算值。第三类是解析法与数值解法相结合的求解方法。第四类是穷举法。它是根据问题的难易程度,经过层层循环求解出满足条件的可能解,并逐一检查它的有效性及可行性的发展。第五类是网络优化方法。它是将所有待解决的问题都作为网络流,然后以网络图作为数学模型,用图论方法研究该网络中的最优化问题[215]。综合上述的研究,可以归纳出对最优化问题的求解主要集中在两个方面:一方面是在对最优化问题进行分析的基础上,以泛函为基础进行理论证明,进而求解满足相应条件的问题;另一方面则是以自然界中生物群体的智能行为或非智能行为为基础启发出来的算法,该算法可以针对较大数据量、复杂性问题进行求解,并且对目标函数及约束条件要求不高,可以在相对较短的时间内求得满意解或解集,目前已经应用于社会各个领域优化问题的求解过程中。一般可以将其求解过程分为三步:第一步在深入分析所研究的最优化问题基础上,根据约束条件确定目标函数,之后构建相应的数学模型;第二步则需要分析模型及数据的情况,选择相应的最优化算法及步骤;第三步需要根据问题的难易度来设计或改进相应的算法,并结合研究数据进行算法的仿真实验,通过与其他算法进行对比来分析所提出算法的可行性及有效性[216]。随着大量智能算法的出现,将物流网络的选址、路径、库存等决策要素的两两或三个要素综合考虑的多目标或多目标优化更符合现代物流业多目标化、协同化的发展需求,对此类物流网络多目标优化问题已经成为物流及供应链研究领域的重点问题。

物流网络优化就是优化供应链中各网络节点及不同的物流路径。优化的目的是通过设立最优的物理地点、数量及类型,促进原料和商品在该网络中的有效流动。该网络优化的全过程主要包括根据客户的细分及需求类别而设计的配送中心的选址、大小、容量及在一个物流网络中的数量多少,以及运输不同类型产品的车辆选择、路径规划、频次、车场情况等。物流网络建模就是将该网络中的各个节点或要素的关系用模型的形式表示出来的过程，它也是对物流网络进行系统规划、运营管理及为绩效评价提供借鉴的重要决策[217]。通过对上述文献进行分析，可以发现研究物流网络优化的问题都涉及相应问题模型的构建以及求解该类模型的算法设计等。其中这些模型可以分为预测模型、逻辑模型、模拟模型、数学模型等。本研究所构建的冷链物流网络模型主要涉及数学模型和最优化模型。由于冷链物流网络多目标优化问题多具有时变性，设施选址、库存、配送等问题更为复杂，而且不仅仅需要考虑运输成本，还需要考虑因产品易逝性产生的价值损耗等问题。在对该问题进行研究时，不仅涉及 LIP、IRP、LRP 等两两多目标优化问题，还涉及可以综合反映企业情况的 LRIP 多目标优化问题。对于此类 MOP 问题需要同时优化多个目标函数，因此这也成为求解该类问题的难点[139]。多目标最优化的理论来源于 1776 年经济学中的效用理论，1896 年经济学者 Villefredo Pareto 在经济平衡的研究中提出了多目标最优化问题，引入了被称为 Pareto 最优的概念[140]。随着时间的推移，最优化问题被越来越多的学者所关注，直到 1973 年，Cochrance 与 Zeleny 出版了《多目标决策》促成了该学科的成立，此后相关研究成果逐渐丰富[205]。MOP 通常被描述成一个具有 n 个决策变量，m 个目标变量的多目标优化问题，具体可以描述为[140]：

$$\min F(x) = [f_1(x), f_2(x), \cdots, f_k(x)]^T \tag{2-4}$$

$$\text{s.t.} \quad g_i(x) \leqslant 0, i = 1, 2, \cdots, p \tag{2-5}$$

$$h_j(x) = 0, j = 1, 2, \cdots, q \tag{2-6}$$

$X = (x_1, x_2, \cdots, x_n)^T$ 是 R^n 空间的 n 维向量，被称为 X 所在空间 D 问题的决策空间 $f_i(x)(i=1, 2, \cdots, m)$，代表所研究问题的子目标函数，$m$ 维向量 $[f_1(x), f_2(x), \cdots, f_k(x)]^T$ 所在的空间被称为问题的目标空间，$g_i(x)(i=1, 2, \cdots, p)$ 为约束函数。因此，MOP 也成为向量优化问题。

由于 MOP 问题的各个目标间相互冲突，求得的解不可能只有一个,而是一个折衷解的集合或称为 Pateto 最优解集;在多目标优化问题中,Pateto 占优(dominate)是一个非常重要的概念,其定义如下:

定义 2.1 (决策空间上的可行解集)

集合 $D=\{X\,|\,g_i(x)\leqslant0,\ X\in R^n,\ i=1,2,\cdots,p\}$ 被称为 MOP 在决策空间上的可行解集。

定义 2.2 (目标空间上的可行解集)

集合 $F=\{(f_1,f_2,\cdots,f_m)\in R^m\,|\,f_i=f_i(X),\ i=1,2,\cdots,m,\ X\in D\}$ 被称为 MOP 在目标空间上的可行解集。

定义 2.3 (Pareto 支配)

对于决策向量 a、b:

(1) $a\prec b(a$ 支配 $b)$ 当且仅当 $\forall i\in\{1,2,\cdots,K\}$,$f(a)\leqslant f(b)$ 且 $\exists j\in\{1,2,\cdots,K\}$,$f_j(a)<f_j(b)$。

(2) $a\preceq b(a$ 弱支配 $b)$ 当且仅当 $\forall i\in\{1,2,\cdots,K\}$,$f(a)\leqslant f(b)$。

(3) $a\sim b(a$ 无差别于 $b)$ 当且仅当 $a\not\prec b\wedge b\not\prec a$。

定义 2.4 (Pateto 最优解)

决策向量 $x\in X$ 对于集合 $A\subseteq X$ 来说为非支配的,当且仅当:$\nexists a\in A$:$a\prec x$。如果 x 对于可行解集 X 来说是非支配的,则称 x 为 Pareto 最优解集。

定义 2.5 (非支配解集和前端)

设集合 $A\subseteq X$,$p(A)$ 为 A 中非支配解的集合,$p(A)=\{a\in A\,|\,\nexists b\in A,\ b\prec a\}$,则称集合 $p(A)$ 为 A 的非支配解集,相应的目标向量集合 $f(p(A))$ 被称为 A 的非支配前端。对于 X 来说,$X_p=p(X)$ 被称为 Pareto 最优解集(Pareto-optimal set)或非支配解集(Nondominated set),$Y_p=f(X_p)$ 被称为 Pareto 最优前端。

多目标问题优化所获得的解或解集,可以为相关决策者提供比单目标优化更多的方案,而且决策者可以根据实际需求进行最满意的选择,所形成的方案具有灵活性、动态性及多层次性的特点;同时还可以发现不同目标间的分布情况及不同要素间的关系,所获得 Pareto 最优解集分布的曲面可以为后续研究提供更为有效的参考。而对多目标问题进行的求解过程需要考虑各个子目标间的关系,它们间存在一定的"效应背反"现象,因此,求得最终解并非唯一解,而是一个解集,通常就称之为非劣最优解。目前求解该类问题的方法包括以下两类。一类是采用传统的方法如加权和法(weighted sum method)、ε约束法(ε-constraint method)等把所研究的 MOP 问题转化为单目标优化问题进行求解;如果需要获得原问题的多个 Pareto 最优解则需要多次运行才可以完成任务;因为每一次的运行相对独立,并且没有实现数据的共享,所消耗的时间、费用以及对计算机的要求都比较高,随之而来的是风险也会不断增加;此类方法获得的最优解难以给决策者提供有效的帮助。因此,采用此类方法在当前大数据背景下来研究日益复杂的物流网络优化问题,会导致方法的可行性不断降低。面对这样的情况,另外一类方法就相对有效,它是应用智能优化算法及进化多目标优化算法等对该类问题进行全局优化[140]。此类方法可以同时对多个目标进行优化,不仅提高了优化的效率而且所得到的解更具有实用性。依据根据管理者或决策者偏好参与求解过程的方式,可以将传统的多目标优化方法分类[218],具体如表 2-4 所示。

表 2-4　传统的多目标优化方法分类

类型	决策者偏好的参与方式	优化方法
无偏好方法	不需要考虑决策者的偏好	全局指标法
后偏好方法	现生成 Pareto 最优解集,然后根据决策者偏好选择满意解	加权和法 ε约束法 可达标量函数法
前偏好方法	先确定决策者偏好,然后寻找最优解	目标规划法 字典排序法 价值函数法
交互式方法	将决策者偏好融入求解过程	参考点法

以下对几种常用的求解多目标问题的传统优化方法进行简单介绍[219]。

加权和法是一种较常用的多目标优化方法。首先,将求解的问题进行分类,然后根据问题具体目标的重要程度进行权重的设定,这个环节也是应用该方法的关键点;其次,通过加权求和对 MOP 问题进行转换,并逐一求解,所得到的解可以为企业决策提供一定的参考,但往往不能全面地反映企业的具体问题。ε 约束法作为一类求解多目标优化问题的方法得到了广泛的应用。该类方法是在所研究的一系列问题中先选择最重要的优化目标,并将其他的目标转化为约束条件,在此基础上再将多目标优化问题转化为具体的单目标优化问题进行求解,此类方法易于操作,但关键点是对参数 ε 的取值。目标规划法(goal programming)需要根据所求解的不同问题来设置相应的分值,该目标值的设定是问题的关键点;然后把这些设定的目标值作为约束条件引入问题中,整个求解过程是把所求解的多目标优化问题转化单个的单目标优化问题,所得到的解如果在所设定的范围内,则可以求得相应的 Pareto 最优解。字典排序法(lexicographic ordering)作为一类重要的多目标优化方法,它的求解是一个循环往复的过程,首先需要对所求解的具体问题按照要求进行排序,其次按照原约束条件进行求解,所得到的解为唯一解时求解过程结束;否则,将该最优解作为新的约束条件对其他目标进行优化,直到求出问题的最优解[220]。

综上所述,这多目标优化算法具有以下几类特点:①结合相应的求解方法对多目标优化问题进行转化,然后采用数学规划的方法对转化后的单目标问题进行求解;②上述方法求解多目标优化问题的过程,对参数的设置要求较高,如何确定参数的设置标准及要求成为求解该类问题的难点;③应用该类方法进行求解时往往需要进行分类或者是权重的分配,它们对权重值及目标的排序较为敏感,这就要求环节一定要有严格的标准[218]。通过分析可以发现,上述方法已经在很多领域进行了应用,但面对问题复杂性不断增加的发展趋势,多目标优化问题的求解难度及要求也在不断提高;随着最优化理论的不断发展,相关学者提出了进化多目标优化算法,该类算法作为启发式算法的一类已经被广泛地应用于社会各领域相关问题的求解中。进化多目标优化算法通过在各代之间维持由潜在解形成的种群进行全局搜索,此类搜索方式实现了搜索的多层次性及整体性,在求解多目标优化问题方面可以在一次运行中获得更多的 Pareto 最优解,与传统方法相比表现出了较大的优势。该算法在面对逐渐复杂的相关问题时提出了区别于传统 Pareto 占优的新型占优机制,使得求解该类型问题开始由目标组合方法逐渐向基于 Pareto 的向量优化方法发展。随着研究的不断深入,出现了许多该类型的算法[218],具体如表 2-5 所示。

表 2-5　按阶段分类的进化多目标算法

阶段	算法基础	代表性算法
1	遗传算法	多目标遗传算法(MOGA)
		非支配排序遗传算法(NSGA)
		小生境帕累托遗传算法(NPGA)
		强度帕累托进化算法(SPEA)
		强度帕累托进化算法 2(SPEA2)
		带精英策略的非支配排序遗传算法(NSGA-Ⅱ)
		帕累托存档进化策略(PAES)
2	粒子群算法	多目标粒子群法(MOPSO)
		有限加速多目标粒子群算法(SMPSO)
	模拟退火算法	自适应多目标模拟退火算法(AMOSA)
	蚁群算法	多目标蚁群算法(MOACO)
	其他	自适应散点多目标搜索算法(AbYSS)
		基于规则模型的多目标估计算法(RM—MEDA)

本研究主要应用 MOPSO、NSGA-Ⅱ、MOACO 等算法针对冷链物流网络多目标优化问题进行求解。随着研究的不断深入,该类算法在冷链物流网络优化领域的应用将逐渐成为研究的热点。

2.4　本章小结

首先,梳理了冷链物流及冷链物流网络相关定义、服务范围及特征。由于目前国内外对冷链物流及冷链物流网络在定义方面缺乏统一的认识,本章通过表格的形式从研究对象、角度、范围等方面对比分析了国内外学者对冷链含义认识的异同;并有针对性地分析了不同生鲜农产品冷链物流温度的要求及冷链物流作业的一般过程;在此基础上归纳出了冷链物流不同于一般情况下常温物流的特殊性。其次,进一步分析了冷链物流网络的形成背景、层次、子系统及功能。最后,分析了冷链物流网络优化的理论基础,有针对性地阐述了自组织理论、供应链理论、物流理论、最优化理论及方法,具体描述了各理论的起源、发展历程、代表人物及观点。本章节对相关理论的分析为接下来建立多目标优化问题模型及设计求解算法提供了重要的理论依据。

3 生鲜农产品冷链物流系统的
自组织演化分析

3.1 引　言

随着人们收入的不断提高，对生鲜农产品的需求也日益增加，但农民"卖难"，居民"买贵"的现象并没有因此而缓解，这主要是由于物流不畅、产品价值损耗严重、质量安全及物流成本过高等问题已经成为制约我国农村经济快速发展和影响农产品国际竞争力的主要"瓶颈"。为解决该类问题，首先要系统地梳理我国生鲜农产品冷链物流系统的演化过程。生鲜农产品冷链物流系统是一个复杂的系统，同时又是一个开放的系统。在现实生活中，该冷链物流系统的正常运作需要与外界进行物质、能量及信息的交换，并伴随外界条件的变化来形成基于内部的自组织现象，从而来实现整个物流系统从无序状态自发地转向时空及功能上的宏观有序状态。本章基于自组织理论，介绍了该冷链物流系统的特性及演化过程。通过了解它的演化规律，可以正视它存在的问题，了解我国生鲜农产品生产与消费的时空矛盾，揭示影响主导其发展方向的因素，把握具体的作用机理。

3.2　生鲜农产品冷链物流系统的构成

结合《中华人民共和国国家标准：物流术语（GB/T 18354-2006）》对冷链的定义及冷链物流系统的特点，基于时间与空间可以发现生鲜农产品冷链物流系统是一个复杂的网络系统,它包括生鲜农产品从生产到消费的所有环节,只有这些环节"环环相扣"才能保障产品的安全,如预冷环节、冷藏环节、特殊包装环节及低温配送环节等,由此构成的物流系统包括预冷子系统、包装及加工子系统、运输子系统、冷藏库存子系统、配送子系统、产品展销子系统及贯穿始终的信息子系统。在这个系统中,主体、物品、设备设施、信息、资金等要素是生鲜农产品物流系统构成的基础,而这些要素以一定形式联结构成了系统结构。

3.2.1 生鲜农产品冷链物流系统的要素

本研究基于国内学者王俣含的研究成果,将生鲜农产品冷链物流系统要素分为主体要素、流动要素及支撑要素三类[9],具体如图 3-1 所示。

3.2.1.1 主体要素

生鲜农产品冷链物流系统的主体要素是指生鲜农产品冷链物流活动中的直接或间接的参与者,或对生鲜农产品冷链物流系统有影响的各类个体或组织,主要包括生鲜农产品冷链物流服务需求者,生鲜农产品冷链物流服务提供者和生鲜农产品冷链物流系统影响者三类[9]。

1) 生鲜农产品冷链物流服务需求者

根据所处流通环节,生鲜农产品冷链物流服务需求者进一步分为生鲜农产品的生产者、加工制造者、批发商、零售商和消费者。

(1) 生鲜农产品的生产者。生鲜农产品的生产者包括农户或生产组织,他们在整个冷链物流系统中处于非常重要的地位。一方面,它们是生鲜农产品冷链物流的源头,直接向加工制造企业提供原材料,或为流通下游提供初级农产品;另一方面,它们还是生鲜农产品采摘或捕捞后进行保存的第一环节,这个环节将对产品质量安全起到非常重要的作用,同时也对冷链物流决策产生一定影响。近年来,我国生鲜电商飞速发展,带动了一批生鲜农产品生产经营企业,但是结合我国国情,个体农户仍然是我国生鲜农产品生产的主力军。

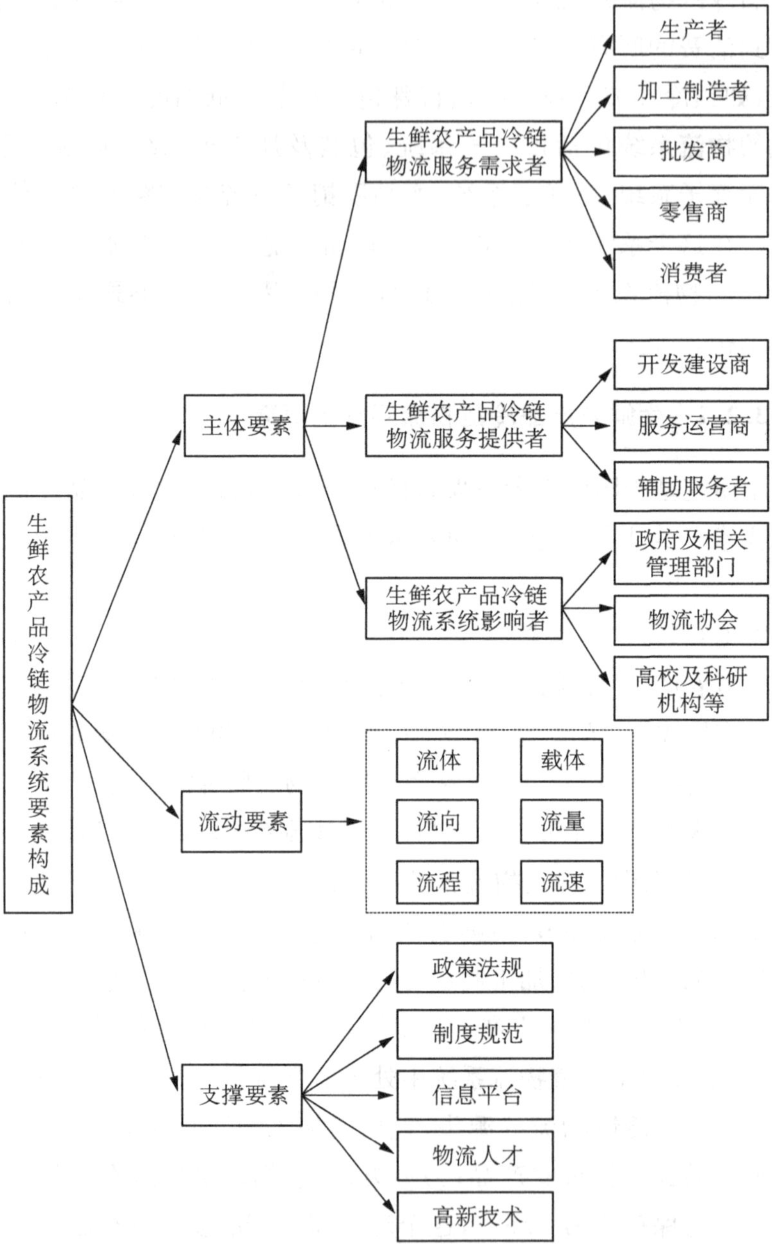

生产者

加工制造者

批发商

零售商

消费者

生鲜农产品冷链物流服务需求者

开发建设商

服务运营商

辅助服务者

生鲜农产品冷链物流服务提供者

主体要素

政府及相关管理部门

物流协会

高校及科研机构等

生鲜农产品冷链物流系统影响者

生鲜农产品冷链物流系统要素构成

流体　载体

流向　流量

流程　流速

流动要素

政策法规

制度规范

信息平台

物流人才

高新技术

支撑要素

图3-1　生鲜农产品物流系统要素构成

（2）生鲜农产品加工制造者。生鲜农产品加工制造者是冷链物流系统中保障产品质量安全的关键一环，因为该环节承担着原材料的加工制造、分拣、包装等，如果该环节可以严格执行冷链低温及卫生等要求，可以促使生鲜农产品增值，并且为后期储存及运输奠定基础。该环节还可以根据市场需求及交通等情况，有效连接生产者与需求者的距离，在生产与销售等方面可以不断放大规模效应，促进生鲜农产品冷链物流系统的产业集聚。

（3）生鲜农产品批发商。本书中的生鲜农产品批发商主要是指在生鲜农产品物流系统中的一级批发商，其交易服务对象是再销售者，包括二级批发商、经营生鲜农产品的贸易公司、零售商、餐饮业及各种团体采购等[9]，它们主要通过批量采购的方式进行交易。本书采用国内学者王俁含的研究成果，将其作以下分类：按其所在地，可分为产地批发商和销地批发商；按所有权性质，可分为国有批发商、民营批发商、合股批发商等；按组织规模，可分为农产品经纪人、农产品专业合作社、社团组织、批发企业等；按经营范围，可分为生鲜农产品专业批发商和综合农产品批发商[9]。生鲜农产品批发商处于生鲜农产品流通的中间环节，是连接生产企业和零售企业的枢纽，由此可见它的重要性。目前，我国生鲜农产品批发商绝大多数是个体户[9]，呈"散点"式发展，缺乏市场竞争力，只有部分地区的批发商形成了一些品牌，拥有了较为系统的保障体系。但是我国生鲜农产品的品类众多，生产地分布广阔，造成了难以对其进行系统化管理及协调的问题，这对我国现代物流体系化建设提出了挑战。

（4）生鲜农产品零售商。随着电子商务的飞速发展，当前生鲜农产品零售商已经不再局限于超市、菜市场等实体销售点，越来越多的线上销售模式不断丰富了生鲜农产品零售商的范围。但是由于生鲜农产品零售商处在面对消费者的最前沿，不仅有满足消费者需求的职能，而且兼顾了了解消费信息及市场变化的功能。因此，它的职能包括购销调存、加工、分包、信息传递等[9]。伴随着人们生活质量的不断提高，消费者的需求也呈现出多元化特点。在这样的背景下，生鲜农产品零售商的零售模式将会不断创新。未来生鲜农产品线下零售模式、线上零售模式，以及两者结合的零售模式等将会并存。

（5）生鲜农产品消费者。生鲜农产品的消费者是冷链物流系统的终端，该环节除了居民个体，还包括一些社会组织。消费者对于生鲜农产品的需求往往受到产品质量、时间、价格等方面的影响。其中消费者的时变性需求会对冷链物流系统的运行带来较大的挑战，本书第5章将会对该类问题进行探究。

2）生鲜农产品冷链物流服务提供者

生鲜农产品冷链物流服务提供者包括冷链物流开发建设商、冷链物流服务运营商和冷链物流辅助服务者。

（1）生鲜农产品冷链物流开发建设商。生鲜农产品冷链物流开发建设商主要是指承建物流园区、冷库、厂房等基础设施的企业[9]。生鲜农产品冷链物流开发建设商主要包括硬件设施的开发建设企业、软件设施的研发制造企业、提供服务的相关企业等。该环节对生鲜农产品的仓储、包装、运输、配送、装卸等起到重要的保障作用[9]。

（2）生鲜农产品冷链物流服务运营商。《物流企业分类与评估指标》对物流服务运营企业有明确的说明，而生鲜农产品冷链物流服务运营商是根据消费者的需求，将货物从生鲜农产品生产经营者处配送到消费者处，其中包括货物的包装、运输、储存、装卸、配送等环节，要求服务运营商可以完成上述过程，并且是具有组织管理运营能力，实行独立核算、独立承担民事责任的主体。生鲜农产品冷链物流服务运营商往往具备储存及运输冷链产品的设施设备，可以保障该类产品的质量安全。

（3）生鲜农产品冷链物流辅助服务者。生鲜农产品冷链物流辅助服务者包括冷链物流信息系统研发企业、第三方物流平台企业、教育培训机构、物流咨询服务企业、物流金融机构、质量检测及检疫机构等，这些机构可以为冷链物流系统的运行提供环境保障及基础服务。

3）生鲜农产品冷链物流系统影响者

生鲜农产品冷链物流系统影响者包括政府及相关管理部门、生鲜农产品物流协会、高校及科研机构等。这些组织机构对于规范冷链物流企业的行为及标准具有重要作用，同时它们又具有监督及管理的功能。因此，它们会为冷链物流系统的发展提供良好的环境，是冷链物流系统的重要影响者。

3.2.1.2 流动要素

由于生鲜农产品具有易腐性，随着时间的延长它的价值会不断下降。这就要求生鲜农产品必须在保障产品质量安全的前提下，快速地进行流通。冷链物流系统流动要素主要包括流体、载体、流向、流量、流程和流速。

1）流体

本书所研究的流体既包括物资实体，也包含物流运营过程中产生的信息流。物资实体是具有易腐特性的生鲜农产品，它们是冷链物流系统运营与管理的对象，更是所有活动开展的基础。随着冷链物流系统的不断发展，信息流的量也越来越多，逐渐形成了海量数据，尤其是面对"双11""双12"等生鲜电商促销季，要求冷链物流企业具有处理这些信息流的能力。未来物联网、智慧物流等飞速发展，信息流的作用将会越来越重要。

2）载体

由于冷链物流相比于常温物流对温度要求更高，因此又被称为低温供应链系统。在生鲜农产品的运输及库存中，既需要常温物流所需要的设施设备，还需要专门控制温度的设备。由于我国生鲜农产品产地具有较强的地域性及季节性，这就对载体提出了较高的要求，我国近年来铁路网、公路网、航空网等飞速升级及优化，为我国物流业的发展提供了良好的交通设施。此外，我国冷链物流企业日益专业化，从业人员也越来越专业，这些都为冷链物流系统的发展提供了保障。

3）流向

流向即生鲜农产品转移的方向。本研究主要研究的是生鲜农产品从生产者到消费者的正向物流。我国生鲜农产品产地分布广，而且随着季节变化会呈现出"南菜北运"的现象，所以使得我国生鲜农产品物流的流向随机性较大,呈现复杂的网络结构;随着生鲜电商的飞速发展,消费需求遍布全国各地,从而导致复杂性日益增强。

4)流量

流量是通过载体的生鲜农产品在一定流向上的数量表现,其与生鲜农产品生产和消费的数量有关,反映了生鲜农产品冷链物流系统的规模。由于我国人口众多,随着人们消费水平不断提升,消费者对生鲜农产品的需求不断增长,使得生鲜农产品物流流量逐渐提高。

5)流程

流程是生鲜农产品物流路径的数量表现,即生鲜农产品物流经过的里程。随着我国冷链物流系统的发展,越来越多的生鲜农产品从一些偏远地区运输到消费者面前,这些都需要依靠发达的交通网络及现代物流系统的综合作用。随着生鲜农产品需求的不断增长,冷链物流网络中的配送中心选址、车辆路径问题及库存等已经成为制约其发展的主要问题。本书将在第 4、5、6 章针对相关问题进行探究。

6)流速

流速即生鲜农产品流动的速度,与载体选择直接相关,它在一定程度上反映了生鲜农产品物流系统运行的效率。流速会直接影响生鲜农产品的质量安全,因为随着时间的延长和温度的变化,生鲜农产品会出现损腐现象,这样就会影响产品的价值,从而降低客户的满意度[9]。

3.2.1.3　支撑要素

由于生鲜农产品具有易腐变质的特性,这就决定了保障其物流系统运行的硬件、软件等区别于传统的物流系统。冷链作为保障其产品品质的重要一环,不仅包括冷库、冷链配送中心、冷链设备、冷链工作人员等,还包括冷链物流相关标准、法律法规及重大事件发生时的应急策略等。尤其是在一些地区,还需要当地政府基于在资金、土地等方面的支持,从而为我国冷链物流现代化体系建设提供保障[9]。除此之外,在突发事件情况下为了维护冷链物流系统的运转,需要大数据等信息的支撑,还需要全国或地区的行政部门、部分企业及人员的有力支持。

1）政策法规体系

高效的管理监管制度、规范的食品安全准则、严格的库存及运输温度控制要求、明确的产权关系等政策法规，都为生鲜农产品物流运行营造了良好的环境。近年来，我国先后出台了一系列与农产品物流发展有关的政策法规，这些政策法规涉及面较广，形成了一套完整的体系。

2）农产品物流制度规范

农产品物流制度规范是相关政策法规在行业及企业具体执行的体现，提出了物流行业规范的操作方式及步骤，规定了哪些行为可以为，哪些行为不能为。这些制度规范，一方面可以有效地提高物流企业的运营效率，另一方面则可以促进行业的健康有序发展。

3）信息共享平台

2014 年 2 月 17 日，由商务部主办的全国农产品商务信息公共服务平台正式开通，各省份也建立了相应的配套信息平台。通过信息平台农户可以及时了解需求信息，消费者或者采购商不仅可以发布需求信息，而且可以了解生鲜农产品的供给情况。该平台不仅成为解决信息不对称的问题的重要手段，更成为促进农产品物流系统发展的重要桥梁。随着科学技术的不断发展，信息共享平台不仅功能更加全面，而且操作也更加方便。未来随着物联网及智慧物流的发展，信息共享平台将会起到越来越重要的作用。

4）物流人才支持

近年来，随着我国电子商务的飞速发展，物流业也开始进入快速发展阶段，但随之而来的是专业的物流人才匮乏，这从根本上会限制物流系统的不断优化与升级，因为人才是农产品冷链物流系统有效运行的重要因素之一。面对人才需求的不断增长，我国部分高校开设了相关专业及课程，在一定程度上缓解了人才需求的压力；同时一些教育培训机构也为市场提供了大量的物流专业人才，从而为物流业快速发展与人才匮乏间的矛盾提供了解决方案。但随着生鲜农产品需求的不断增加，以及消费者的个性化需求日益增多，我们需要更多的专业人才服务于物流业，并为物流业的变革及发展提供动力源。

5）高新技术支持

生鲜农产品随着时间的增加，价值会不断降低的特征，导致它的包装、存贮、运输等环节需要投入的更多，目的就是保障产品的质量安全，提高消费者的满意度。但为了达到这个目的，需要应用冷藏技术、通风技术、包装技术、保鲜技术、温度控制技术、无线射频技术、辐照技术、高压储藏技术、减压储藏技术等来减低产品的变质现象。而这些技术能否被有效应用也成为部分冷链物流企业发展的难点。

3.2.2 生鲜农产品冷链物流系统的结构

将生鲜农产品冷链物流作为一个系统问题进行分析，是因为它包括多个方面，涉及许多因素，并且这些因素的共同作用才能实现系统的有效运作，因此，研究该类问题需要基于系统论，将各个环节的问题厘清，并分析它们之间存在的关系。本研究基于国内学者王俣含的研究成果，将生鲜农产品冷链物流系统结构解释为为了实现某种特定的农产品物流功能而在系统要素之间形成的特定关联方式[9]。生鲜农产品冷链物流系统是一个复杂的系统，物流服务需求者、物流服务的提供者、物流服务的影响者等是构成该系统的重要部分。该冷链物流系统内部要素间存在着相互制约、协同、协调、支撑、保障等关系[9]。任何一方都需要在其他方的共同作用下开展物流服务活动，基于此，它们形成了一个物流服务网络，生鲜农产品生产者、生鲜农产品加工制造者、生鲜农产品批发商、生鲜农产品零售商及管理者等贯穿于此物流网络中。以上这些因素都在不断地影响着生鲜农产品冷链物流系统的结构。随着计算机技术的广泛应用，该系统中还增加了一些新的因素，例如，京东、盒马生鲜、叮咚买菜、每日优鲜等生鲜电商企业自建或租用了一些生鲜农产品的配送中心、仓库或冷库以及冷链配送设备等，它们的服务模式不仅满足了消费者的需求，也不断推动着生鲜农产品冷链物流的服务方式，成为改变原有冷链物流网络及系统结构的重要力量。

3.2.3　生鲜农产品冷链物流系统的功能

生鲜农产品冷链物流作为物流业的一个分支,具有常温物流的功能,如存储、运输、装卸、搬运、配送等;此外,它还有一些特殊功能,如生鲜农产品的预冷、分拣、加工、保鲜包装、低温库存及配送等,而且冷链物流还具有使生鲜农产品价值增值的功能[9]。因此,可以发现冷链物流是根据不同物品的特性从原材料的供应、生产、加工、包装、库存、运输,直到最终消费为止的一系列低温度控制的特殊供应链系统。冷链物流系统每个环节的功能都十分重要。例如,冷库作为冷链物流系统中重要的设施,具有重要的作用,因为冷链物流相关活动都离不开它,它能为生鲜农产品提供必要的冷藏及冷冻服务;我们也可以结合季节及成本等因素将货物存储在冷库,然后根据市场行情再将其卖出,从而有效地创造出生鲜农产品的时间价值,在丰富居民消费选择的同时对推动农业经济的发展有着巨大的影响;冷库也是冷链物流节点中最繁忙的区域之一,货物的进出都要在这里进行交易,因此它也成为冷链物流活动最主要的地点之一。随着城市化的不断发展,以及消费者对生鲜农产品需求的不断增加,各地对冷库的需求不断增长,因此,有效发挥冷库功能对促进生鲜农产品冷链物流系统的可持续发展具有重要意义。

3.3　生鲜农产品冷链物流系统的自组织演化

3.3.1　生鲜农产品冷链物流系统自组织演化的前提

1)必要条件

系统的开放性是指系统环境之间既有物质交换,又有能量交换的性质。我国生鲜农产品冷链物流系统的开放性是多元化的,并且是全方位的[221]。这是因为冷链物流比常温物流的系统更为复杂,所构成的系统不仅内容相互影响,而且与外部环境也存在着密切的联系,内外部因素的相互作用促使系统不断发生信息交换、迭代升级等，从而才能有效地保障冷链物流系统的可持续发展。为了全面了解生鲜农产品冷链物流系统，必须从时间及空间两个视角对其进行分析，因为它的发展受到生鲜农产品的特性，我国的区域环境、季节条件、城市化进程、人口因素、冷链物流设备、交通条件、物流人员素质、信息化程度等的影响。这样的背景决定了我国生鲜农产品冷链物流系统必须具有开放性，只有这样才能为信息的交流与互动创造条件，这也是生鲜农产品冷链物流系统自身发展的需求。

2）内在依据

系统必须处于远离平衡状态，即系统内部结构要素存在差异性、分化性、不均匀性等状态，系统才有演变的可能；反之，不存在自组织过程产生的条件[221]。

我国生鲜农产品冷链物流系统是一个动态的系统，其主要表现为：第一，我国生鲜农产品冷链物流产业链较长，与常温物流相比，冷链物流对分拣、包装、预冷、库存、配送的要求更高，造成了物流分工的差异性较为显著；第二，我国冷链物流建设较晚，而且很多区域冷链物流发展缓慢，不能真正地实现全程冷链，"断链"现象较为严重，这主要是因为冷链物流的投入要求较高，冷库及冷链运输车辆后期的维护及保养等要求企业具有一定的人财物支持，所以很多地区因为缺少专业的冷链物流，企业只能简化冷链物流要求的标准，这些问题造成了全国各地冷链物流发展的不平衡；第三，我国不同城市因发展需求不同，所建设的冷链物流园区、冷链物流企业布局及相关配套设施等存在一定的差异，而且在政策扶持力度、税收及管理等方面也有一定的区别；第四，经济、城市化等发展的地域不平衡性特征，在一定程度上影响了我国冷链物流市场的发展，一线城市及二线城市市场需求相对较多，但市场的竞争性也更强，这在一定程度上造成了东西部冷链物流发展的不均衡[9]。

3）根本机制

生鲜农产品冷链物流系统不仅涉及生鲜农产品加工制造等环节，

还涉及冷链物流配送中心选址、车辆路径、库存控制等问题,在解决这些问题时还需要考虑一些条件,如带时间窗,考虑碳排放,考虑客户的随机需求、多车场、多温共配等;任何一方决策的变动都会影响到其他两个方面;它们之间存在着"效益背反"关系,这一现象不仅增加了冷链物流企业的管理难度,更增加了许多不确定性因素,这就使得该类问题变成了复杂的系统问题,并且具有典型的多目标优化问题的特点。在处理该类问题时,需要将其作为集成问题综合考虑。此外,系统内各主体之间还存在着行政联结、功能联结、资本联结等多种联结方式,错综复杂的相互作用为生鲜农产品冷链物流系统自组织演化创造了条件[9]。

3.3.2 生鲜农产品冷链物流系统自组织演化的诱因

"通过涨落达到有序"是自组织理论的基本原理,涨落是系统演化的诱因。系统处于运动过程时,任意时刻下的宏观参量实际值并非精确等于其内部所有因素的平均值,而是存在一定的偏离,这些偏离即为涨落。因而,从本质上讲,涨落即为系统局部范围内子系统间随机形成的偏离系统既定宏观状态的各种集体运动,既能够破坏系统稳定性,又可以引导系统经过失稳获得新的稳定结构[9]。我国生鲜农产品冷链物流系统因具有开放性、复杂性等特征,涨落时常发生,如客户满意度的高低、需求的时变性、全程低温控制的要求、高新技术在物流系统中的应用、冷链配送中心及库存的合理规划、物流网络的优化等都属于涨落。在实际运营过程中,冷链物流面对的涨落按其表现形式不同,可分为微涨落和巨涨落。微涨落是指作用程度较小,不足以改变系统结构原有稳定性的涨落作用形式,是一种处于平衡态系统的随机涨落;巨涨落是指其作用程度较大,能够破坏系统结构原有稳定性的涨落作用形式。

"农超对接"模式逐渐成为我国生鲜农产品的发展模式,正是中国加入 WTO 这一外部涨落激发而产生的。我国早期是以批发市场为核心的生鲜农产品流通模式,该模式在我国存在广泛,影响深远,这源于我国早期的农业生产多以家庭为单位,缺乏交易场所,当批发市场出现后迅速成为市场的"主角",但随着社会、经济、消费者需求及农产品供需变化等因素的影响,该模式已经无法满足市场发展的现状。而"农超对接"模式在这个时期的出现,使得生鲜农产品的流通可以减少中间环节,直达超市进行销售,从而抓住了供需两端。而冷链物流技术的运用在一定程度上保障了产品的质量安全,使得"农超对接"模式在全国各地得到迅速发展。但电子商务及直播营销等方式的飞速发展,又在不断地冲击着"农超对接"模式,尤其使得信息不对称问题得到了有效缓解,这为生鲜农产品冷链物流系统自组织演化提供了更多的诱因[9]。

3.3.3 生鲜农产品冷链物流系统自组织演化的动力

基于自组织理论,在系统满足了充分开放、远离平衡和内部存在非线性作用的前提下,进一步推动系统实现自组织演化的动力即为系统内部的竞争与协同[222]。我国生鲜农产品冷链物流系统中,冷链物流企业间、超市与生鲜电商间、生鲜农产品生产商与农户之间等都存在着不同程度的竞争,这些竞争不仅有利于市场的健康发展,更会激发相关企业不断提高服务水平;正是在这样的背景下,生鲜农产品冷链物流系统的内部会不断地迭代变化,非平衡与非线性的存在,为新事物的产生创造了条件,推动了系统的不断完善,系统的结构将更加有序,存在的问题也将得到进一步优化,这些都在不断促进生鲜农产品冷链物流系统的演化过程。由此可以看出,系统内部各要素间的竞争与协同是推动我国农产品物流演化的动力。

(1)现实情况中,生鲜农产品冷链物流服务需求者会根据生鲜农产品的特性,提出相应的物流服务需求,主要包括服务的时间、温度、成本、数量、设备、路径及库存服务等。当他们的需求无法得到满足时,他们一方面可能会选择减低要求来实现需求;另一方面,会激励相关冷链物流服务企业不断优化升级来满足他们的要求。这样不断博弈的过程,会从打破原有系统阶段,逐渐过渡到系统稳定发展阶段,而这一现象会推动我国生鲜农产品冷链物流的不断演化[9]。

（2）作为生鲜农产品冷链物流服务提供者，他们不仅是参与物流服务的主角，更是推动我国生鲜农产品冷链物流演化的重要力量。随着科学技术的不断提高，冷链物流企业的专业性越来越强，逐渐跨越了时间、空间带来的限制，使得服务的效果及范围不断提高。第三方及第四方冷链物流企业的出现，更是为市场提供了更多选择，因为它们有专业的设备、高素质的物流人才、丰富的数据、高效率的运作模式等，这些成为物流服务水平提高的重要保障。由此带来的不仅仅是物流成本的降低、服务水平的提高、客户满意度的增加，而且会积极推动冷链物流系统的演化过程。

（3）生鲜农产品冷链物流系统影响者由于本身所担负的责任及优势，自系统开始之初，就处在非常重要的位置，并且为推动生鲜农产品物流系统的演化发挥着重要的作用。这些作用不仅体现在它们可以为系统的运行提供资金、政策、技术等方面的支撑，还体现在对系统的运作具有行业规范和监督的权力。当前，我国独特的"散—聚—散"三段式生鲜农产品物流模式是利益各方经过长期竞争和妥协形成的产物。这种模式不是最优化的，但是它具有一定的特色，符合了当前市场发展的环境。而随着生鲜电商及计算机技术的飞速发展，这种传统模式正在遭受冲击，由流通企业物流模式演化而来的垂直类 B2C 模式（如天天果园）、"门店辐射＋线上服务"模式（如盒马生鲜）、O2O 社区服务平台模式（如叮咚买菜）、社交属性的团购模式（如拼多多）等多种新兴模式，成为生鲜农产品物流的主流模式。还有一种加工企业物流模式，它以生鲜农产品加工企业为核心，企业直接与农户或者通过合作社、生产基地和农户签订合作协议，自行组织物流的运作，从而把生鲜农产品通过批发商、零售商或者一些直销网点送到消费者手上。

随着物联网、5G 通信技术、大数据技术、无线射频技术、冷冻技术、包装技术等的发展，订单农业、农超对接模式、生鲜电商、产地直销、农产品物流园区、农业流通枢纽港等模式已经成为各因素相互作用的产物，并为未来生鲜农产品冷链物流系统的演化奠定了重要的基础。

3.4 本章小结

首先,基于要素、结构及功能描述了生鲜农产品冷链物流系统的构成。其次,在此基础上结合我国生鲜农产品物流发展的特点,结合自组织理论,从自组织演化前提、诱因和动力三个方面阐述了我国生鲜农产品冷链物流演化的过程。最后,总结出我国生鲜农产品冷链物流未来的演化趋势。

4 随机需求下的生鲜农产品冷链物流集成优化问题

4.1 引　　言

　　生鲜农产品具有易腐败、损耗大、价格变化快、受季节影响大的特点,该类产品要求从采收到消费都必须处在低温环境下[223],造成了该类产品对贮藏条件、货物配送中心选址、车辆选择、车辆行驶路径等要求较高[145]。如果企业要求综合考虑这些问题,所涉及的约束条件及目标函数就会较多,此类问题已经不是一般情况下的单目标优化问题,而是变成了典型的 MOP。当前,对于该类问题的研究,更多的是将其转化为单个环节的问题[224]或者两两组合优化问题[225],这类研究只是解决冷链物流网络中的局部优化问题,对于企业而言未能有效地解决存在的现实问题,因此有必要将这些问题进行综合考虑形成多目标优化问题。Liu 与 Lee[120]、Liu 与 Lin[121]、Shen 与 Qi[122]、崔广彬与李一军[128]、杜丽敬与李延晖[131]、李昌兵与张斐敏[133]、乔佩利与王娜[134]、唐金环等人[135]分别从不同角度研究了 LRIP 多目标优化问题。通过对现有文献的梳理发现,LRIP 多目标优化问题属于 NP-Hard 问题[226],当前该类研究多以常温物流及逆向物流问题为主,较少涉及冷链物流。与常温物流相比,冷链物流具有明显的特殊性,如对温度的要求较高、能耗较高以及受产品生命周期影响较大等;客户不确定性需求的不断增加及复杂的配送温度控制策略促使 LRIP 呈现出高度非线性及随机性大的特点[227],由于涉及因素较多,该类问题成为一个复杂的系统优化问题,其难点在于如何更好地协调不同决策层间的关系[228]。由于在具体的优化过程中这些不同决策层的目标会出现相互制约的现象,使用传统的多目标优化方法求解该类问题会出现较多不足[229]。为了得到更好的求解结果,部分学者尝试采用 GA[230]、SAA[231]、TSA[232]、PSO[233]等算法对物流网络优化问题进行求解。其中,PSO 算法因其容易编程,需要的调节参数相对较少,迅速在相关问题的求解过程中得以应用[196];它的应用范围不仅包括约束问题[197]、动态问题[234],还包括一些多目标优化问题等[235]。原始的 PSO 算法的设计主要是针对连续空间的优化问题提出的[236],但现实生活中的优化问题既有连续型问题,还有离散型问题[237],在求解离散型问题时就需要设计相应的算法[238]。Kennedy 与 Eberhart 针对离散型问题最早提出了用二进制编码 0 和 1 表示解空间的优化问题,促使 PSO 算法应用范围扩展到了离散空间,使之更好地应用到了其他相关领域,这类算法被称为离散型粒子群优化算法[239];Qi 设计了一种新的 DPSO 算法求解了有车载量限制约束的 VRP[240];Goksal 等人则研究了同时送取货的 VRP,并提出了一种采用变领域下降法进行局部搜索的 DPSO 算法对该问题进行求解,并取得了较好的效果[241];魏明与靳文舟在考虑顾客服务及车辆配送时间不确定的背景下研究了 VRP 问题,并构建了相应的机会约束规划模型,提出了一种新的 DPSO 算法对问题进行求解,避免了算法陷入局部最优的现象[242];温惠英和孙博针对同样的问题,建立了带时间窗的协同 VRP 模糊规划模型,并采用文献[242]提出的 DPSO 算法对模型进行求解[243];杨玮等人研究了物流网络中自动化立体仓库进出库调度问题,并结合多色集合理论改进了 DPSO 算法,提高了算法初始化种群的质量及多样性[244];张军则针对废旧家电逆向物流网络问题进行了研究,构建了一个多目标定位—运输路线安排问题逆向物流网络优化模型,改进了 DPSO 算法对模型进行求解,结果表明了算法具有良好的收敛性及有效性[245]。

通过以上研究可以发现,DPSO 算法已经在物流网络优化领域应用得非常广泛,相对于 PSO 算法,该算法避免了 PSO 算法在迭代后难以保持种群的多样性、容易陷入局部最优化以及搜索精度不高的问题,但也存在着全局搜索能力弱等不足。本章以典型的不确定性需求背景下的生鲜农产品冷链物流二级分销网络为研究对象,建立了LRIP非线性整数规划模型。相对于只解决两个环节的多目标优化问题,该类问题复杂性更高,更能反映企业的现实情况。当前冷链物流企业间的竞争已经不是库存或车辆路径安排等单个环节的竞争,新的竞争已经转变为如何以更低的成本快速响应客户的需求或降低生鲜农产品的腐败率等问题。解决该类问题的关键点就是要将冷链物流的配送中心选址、库存及车辆路径安排这三大环节中的资源进行统一协调,形成更为全面的管理决策。本研究致力于所构建的模型要对配送中心选址最优、车辆路径安排最优及货损成本最小的多个目标同时进行优化;在降低物流总成本的同时提高第三方物流企业的运作效率,从而提高客户对冷链物流服务的满意度及有效保障生鲜农产品的质量安全。

4.2　随机需求下的生鲜农产品冷链物流集成优化问题描述及模型假设条件

4.2.1　随机需求下的生鲜农产品冷链物流集成优化问题描述

本研究以生鲜农产品冷链物流网络优化中随机需求背景下的LRIP集成多目标优化问题为研究对象,涉及冷链产品的生产基地(manufacturer)、配送中心(distribution center,DC)及零售点(retailer)的供应链两级分销网络,具体如图4-1所示。零售点间相互独立,因为客户的需求具有不确定性。其中从生鲜农产品的采摘或捕捞地到货物的配送中心为冷链物流网络优化的一级分销网络系统;从各个配送中心再到不同的生鲜农产品零售点或客户形成了本章节研究的二级分销网络系统。本章节研究的问题之一是从冷链物流备选的配送中心中选择符合实际需求的配送中心;问题之二为通过对生产基地、配送中心的选址、订货量及次数的分析,确定库存数量及减少相应的库存成本;问题之三为优化冷链物流车辆配送零售点的数量及先后顺序,从而在每辆车载重相同的情况下实现配送路径最优。

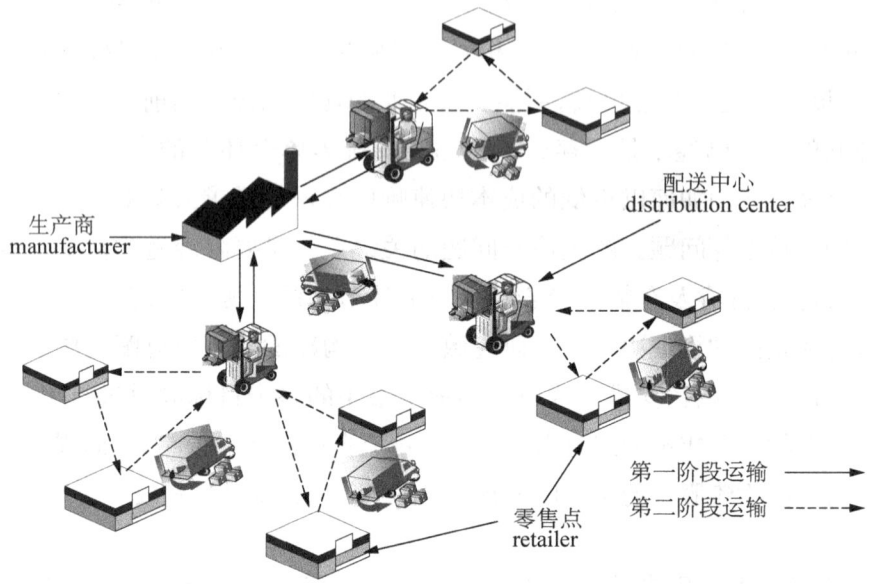

图 4-1   冷链物流网络中选址—路径—库存示意图

4.2.2   随机需求下的生鲜农产品冷链物流集成优化问题模型假设条件

模型的假设条件如下：

（1）每个生鲜农产品零售点或客户仅由一个配送中心提供冷链物流服务。

（2）生鲜农产品零售点或客户需求遵循随机分布。

（3）生鲜农产品的配送路径不仅起点与终点相同，而且该路线由一个冷链物流车辆为客户提供服务。

（4）生鲜农产品的运输与配送服务，由载重和型号相同的冷链物流车辆提供。

（5）不考虑生鲜农产品在产地的损耗。

（6）产品在运送过程中能保持在固定的运送温度，并在不考虑其他影响因素的条件下，假设配送时生鲜产品的腐坏率是恒定的。

4.3 随机需求下的生鲜农产品冷链物流集成优化问题模型构建

4.3.1 模型参数及决策变量

1）模型参数

模型构建中相关符号代表的含义如表 4-1 所示。

表 4-1 模型中各符号代表的含义

符号	含义描述
I	生鲜农产品冷链物流配送中心集合
J	生鲜农产品零售点集合
K	冷链物流运输车辆集合
D_j	生鲜农产品零售点 j 的年需求量
Q_i	DC_i 每次的生鲜农产品订货批量
O_i	DC_i 向生鲜农产品生产基地订货的成本
h_i	DC_i 的单位生鲜农产品库存持有成本
L_i	DC_i 的订货提前期
α	冷链物流配送中心的服务水平
d_i	生鲜农产品生产基地到 DC_i 的运输距离
d_{gi}	节点 g 到节点 i 的运输距离
θ	运输途中生鲜农产品的腐败速率系数
P	运输生鲜农产品的单位价值
V_i	生鲜农产品生产基地到 DC_i 的平均运输速率
V_{gj}	节点 g 到节点 j 的平均运输速率
f_i	在备选地 i 建立配送中心的固定费用
p_t	单位生鲜农产品单位距离的运费
N_i	冷链物流配送中心 DC_i 的最大容量
b	冷链物流车辆的最大运载能力

2）决策变量

X_i 代表从生鲜农产品生产基地到冷链物流 DC_i 运输的产品数量。

Y_{ij} 代表从 DC_i 到生鲜农产品零售点或客户 j 运输的产品数量。

$$U_i = \begin{cases} 1 & \text{如果 } i \text{ 被选作 } DC \\ 0 & \text{否则} \end{cases} \qquad i \in I$$

$$RR_{ij} = \begin{cases} 1 & \text{如果零售点 } j \text{ 的需求由 } DC_i \text{ 来满足} \\ 0 & \text{否则} \end{cases} \qquad i \in I, j \in J$$

$$q_{gjk} = \begin{cases} 1 & \text{如果车辆 } k \text{ 从节点 } g \text{ 开到节点 } j \\ 0 & \text{否则} \end{cases} \qquad \forall g \in (I \cup J), j \in J$$

4.3.2 随机需求下的生鲜农产品冷链物流集成优化问题模型

与一般常温物流相比,生鲜农产品冷链物流要求该类产品自采摘或捕捞到消费者的过程应该自始至终都处在低温控制环境中,这就对温度控制系统提出了较高的要求,所需要的能耗相对来说就会不断增加,并且客户时变性需求的不断增多对冷链物流服务提出了更高的标准及要求,这些因素造成生鲜农产品冷链物流的成本构成具有一定的特殊性,其成本构成主要包括以下内容。

1) 选址成本

生鲜农产品冷链物流配送中心的固定建设费用为 $\sum\limits_{i \in I} f_i U_i$。

2) 车辆运输成本

从生鲜农产品生产基地到冷链物流配送中心的运输成本为 $\sum\limits_{i \in I} p_t X_i d_i$,从配送中心到零售点或客户的运输成本为 $\sum\limits_{k \in K} \sum\limits_{g \in (I \cup J)} \sum\limits_{j \in J} p_t Y_{gj} d_{gj} q_{gjk}$。

冷链运输的商品具有易腐性,因此自采摘或捕捞后的库存、运输及配送过程中会产生一定量货损成本,本研究以最初装车时没有产生损腐的生鲜农产品数量 $W_{ij}(0)$ 为标准计算运输费用,假设商品以恒定速率腐败,则有腐败微分方程 $dw_{ij}(t)/d_t = -\theta w_{ij}(0)$,可知 $w_{ij}(T) = x_{ij} e^{-\theta s_{ij}/v_{ij}}$,因此从生产基地到配送中心的货损成本为 $\sum\limits_{i \in I} p X_i (1 - e^{-\theta d_i/v_i})$,从配送中心到零售点或客户的货损成本为 $\sum\limits_{k \in K} \sum\limits_{g \in (I \cup J)} \sum\limits_{j \in J} p Y_{gj} (1 - e^{-\theta d_{gj}/v_{gj}}) q_{gjk}$,车辆运输

总成本为 $p_t\Big(\sum\limits_{i\in I}X_id_i+\sum\limits_{k\in K}\sum\limits_{g\in(I\cup J)}\sum\limits_{j\in J}Y_{gj}d_{gj}q_{gjk}\Big)+p\Big[\sum\limits_{i\in I}X_i(1-e^{-\theta d_i/v_i})+$

$\sum\limits_{k\in K}\sum\limits_{g\in(I\cup J)}\sum\limits_{j\in J}Y_{gj}(1-e^{-\theta d_{gj}/v_{gj}})q_{gjk}\Big]$。

3）库存成本

订货成本为 $\sum\limits_{i\in I}\sum\limits_{j\in J}O_iD_jRR_{ij}/Q_i$，存货成本为 $\sum\limits_{i\in I}h_iQ_i/2$。假设各个零售点或客户的需求相互独立，且服从标准正态分布，期望为 u_j，方差为 σ_j^2，则配送中心 DC_i 在定货提前期 L_i 的需求量即安全库存点为 $L_i\sum\limits_{j\in J}\sigma_j^2RR_{ij}$，冷链物流配送中心的订货点为 $z_a\sqrt{L_i\sum\limits_{j\in J}\sigma_j^2RR_{ij}}$，相应的安全库存成本为 $h_iz_a\sqrt{L_i\sum\limits_{j\in J}\sigma_j^2RR_{ij}}$，其中 z_a 表示在标准正态随机变量 Z 之外的比例，$P(Z\leqslant z_a)=\alpha$，α 为配送中心的服务水平。总库存成本为 $\sum\limits_{i\in I}(O_i\sum\limits_{j\in J}D_jRR_{ij}/Q_i+h_iQ_i/2+h_iz_a\sqrt{L_i\sum\limits_{j\in J}\sigma_j^2RR_{ij}})$。

根据以上分析，我们构建了一个混合整数非线性规划模型。因此目标函数的公式为：

$$\min Z_1=\sum\limits_{i\in I}f_iU_i \qquad (4\text{-}1)$$

$$\min Z_2=p_t\Big(\sum\limits_{i\in I}X_id_i+\sum\limits_{k\in K}\sum\limits_{g\in(I\cup J)}\sum\limits_{j\in J}Y_{gj}d_{gj}q_{gjk}\Big)$$
$$+p\Big(\sum\limits_{i\in I}X_i(1-e^{-\theta d_i/v_i})$$
$$+\sum\limits_{k\in K}\sum\limits_{g\in(I\cup J)}\sum\limits_{j\in J}Y_{gj}(1-e^{-\theta d_{gj}/v_{gj}})q_{gjk}\Big) \qquad (4\text{-}2)$$

$$\min Z_3=\sum\limits_{i\in I}(O_i\sum\limits_{j\in J}D_jRR_{ij}/Q_i+h_iQ_i/2$$
$$+h_iz_a\sqrt{L_i\sum\limits_{j\in J}\sigma_j^2RR_{ij}}) \qquad (4\text{-}3)$$

s.t

$$Q_i+z_a\sqrt{L_i\sum\limits_{j\in J}\sigma_j^2RR_{ij}}\leqslant N_i \qquad (4\text{-}4)$$

$$\sum\limits_{j\in J}D_j\sum\limits_{j\in J}q_{gjk}\leqslant b \qquad (4\text{-}5)$$

$$\sum_{k \in K} \sum_{g \in (I \cup J)} q_{gjk} = 1 \qquad (4\text{-}6)$$

$$\sum_{j \in J} \sum_{g \in (I \cup J)} q_{gjk} \leqslant 1 \qquad (4\text{-}7)$$

$$\sum_{k \in (I \cup J)} q_{gjk} - \sum_{k \in (I \cup J)} q_{jgk} = 0 \qquad (4\text{-}8)$$

$$\sum_{i \in I} X_i \geqslant \sum_{j \in J} Y_{ij} \qquad (4\text{-}9)$$

$$\sum_{i \in I} Y_{ij} = D_j \qquad (4\text{-}10)$$

$$U_i = \{0,1\}, \, i \in I \qquad (4\text{-}11)$$

$$RR_{ij} = \{0,1\}, \, i \in I, j \in J \qquad (4\text{-}12)$$

$$q_{gjk} = \{0,1\}, \, \forall g \in (I \cup J), j \in J \qquad (4\text{-}13)$$

公式(4-1)表示生鲜农产品冷链物流配送中心选址成本最小;公式(4-2)表示冷链物流专业运输车辆的成本最小;公式(4-3)表示冷库成本最小;公式(4-4)表示生鲜农产品冷链物流配送中心的能力约束;公式(4-5)表示冷链车辆的运输能力约束;公式(4-6)表示每个零售点或客户有且仅有一辆专业冷链车为其服务;公式(4-7)表示每辆冷链车至多服务于一个配送中心;公式(4-8)表示冷链配送车辆不能停留在某个节点上;公式(4-9)表示冷链车辆运输到配送中心的产品数量大于运输到零售点或客户的生鲜农产品数量;公式(4-10)表示每个生鲜农产品零售点或客户的需求都能得到满足;公式(4-11)至公式(4-13)保证决策变量的非负性。

由此可以看出,所构建模型的目标函数超过了1个并且需要对其进行同时处理,该模型已经成为一个典型的集成多目标优化问题模型,它与单目标优化模型不同之处表现在各目标间的矛盾性及不可公度性[140]。对于多目标问题一个解对于某个目标来说可能是较好的,而对于其他目标来讲则可能是较差的,这就是不同目标间的矛盾性;不可共度性则是指各目标间没有统一的度量标准,所以难以进行比较[140]。针对此类问题传统的求解方法主要是通过加权和法、ε约束法、目标规划法及字典排序法等把多目标优化问题转化为单目标优化问题,之后再采用数学规划法对其进行求解,所得到的解不是在综合考虑所有问题背景下的全局最优解,其往往与企业的现实需要存在一定的差异[140]。由于集成多目标优化问题的目标函数和约束函数多为非线性或不连续的,采用数学规划方法往往效率较低。智能优化算法、进化多目标优化算法具有高度并行机制,一次运行可以同时获得多个Pareto最优解,为企业决策者提供了多层次选择的可能性,有利于更准确地解决冷链物流网络相关企业出现的实际问题。本研究针对该类问题主要采用改进后的 DPSO 算法对其进行系统的分析和求解。

4.4 随机需求下的生鲜农产品冷链物流集成优化问题模型求解

4.4.1 基本粒子群算法概述

粒子群优化算法(particle swarm optimization,PSO)是 1995 年由美国学者 Kennedy 与 Eberhart 提出的一类基于群体智能的全局优化算法,他们主要受到鸟群和鱼群等动物群体社会行为的启发,进而产生了模拟此类行为的算法[239]。PSO 算法的构建遵循了此类动物群体三条典型规则,分别为:①飞离最近的个体,以免碰撞;②飞向既定的目标;③飞向群体的中心。以鸟群为例,该群体的具体行为是由于鸟群会用本身的飞行经验来确定自己的飞行方向及速度,此时鸟群的行为是保持一致的,但是当群体中的一只鸟改变方向飞往栖息地时,其他的鸟也会受其影响紧随它飞向栖息地,造成剩余的鸟都会模仿该行为,直到全部落在栖息地[246]。PSO 算法将群体中的每个可能产生的解表述为一个没有体积和质量的粒子,所有的这类粒子在搜索空间中以一定速度进行飞行,它的速度来源于过往的飞行经验,并会根据当下所处的环境进行动态化或适应性的调整,从而确定相应的位置向量、速度向量以及由目标函数决定的适应值(fitness value)。

PSO 算法与其他基于群体的进化算法相比,它们均初始化为一组随机解,以个体间的协作与竞争,通过迭代搜寻最优解;不同之处在于其他进化算法遵循适者生存原则,而 PSO 算法模拟的是群体社会的行为。在具体求解的每一代中,粒子将跟踪两个极值,一个是粒子自身迄今为止所能找到的最优解 P_{best},另一个是全部种群当前可以找到的最优解 g_{best}[247]。

通常其数学描述为:"设在一个 D 维的目标搜索空间中,种群的粒子个数为 N,一个粒子所处的位置表示问题的一个候选解,粒子 i 的信息用 D 维向量表示,$i= 1,2,\cdots,N$,在第 t 次迭代时粒子 i 的位置表示为 $X_i(t)=(x_{i1}(t),x_{i2}(t),\cdots,x_{id}(t),\cdots,x_{iD}(t))$,其中 $x_{id}(t)\in R$ 是粒子 i 在第 t 次迭代时第 d 维的位置。速度表示为 $V_i(t)=(v_{i1}(t),v_{i2}(t),\cdots,v_{id}(t),\cdots,v_{iD}(t))$,其中 $v_{id}(t)\in R$ 是粒子 i 在第 t 次迭代时第 d 维的速度,$PB_i(t)=(pb_{i1}(t),pb_{i2}(t),\cdots,pb_{id}(t),\cdots,pb_{iD}(t))$ 是到第 t 次迭代为止粒子 i 的个体历史极值的位置,$GB(t)=(gb_1(t),gb_2(t),\cdots,gb_d(t),\cdots,gb_D(t))$ 是到第 t 次迭代为止种群中所有粒子所经历过的最好位置,每个粒子根据个体历史极值和全局最优值来更新自己的速度和位置[247]。"其速度和位移模型见公式(4-14)与公式(4-15)[248]:

$$v_{id}(t+1)=v_{id}(t)+c_1\times r_1\times(pb_{id}(t)-x_{id}(t))$$
$$+c_2\times r_2\times(gb_d(t)-x_{id}(t)) \qquad (4-14)$$

$$v_{id}(t+1)=x_{id}(t)+v_{id}(t+1) \qquad (4-15)$$

其中,t 表示第 t 次搜索,$V_i(t)$ 表示第 i 个粒子的速度,$X_i(t)$ 是第 i 个粒子的当前位置。常量 c_1 和 c_2 为学习因子,通常两者在 0 至 2 之间取相同的值,r_1 和 r_2 为两个在区间[0,1]中服从均匀分布的随机数。由进化方程可知,c_1 调节粒子飞向最优位置方向的步长,c_2 调节粒子飞向全局最优位置的步长。为减少简化过程中粒子立体搜索空间的可能性,每一个粒子的最大速度为 V_{max},如果粒子更新后的速度超过 V_{max},该粒子的速度被限定为 V_{max}。

为了更好地平衡粒子群的全局探测力与局部搜索能力,Shi 和

Eberhart 对公式(4-14)做了改进,形成了公式(4-16)[249]:

$$v_{id}(t+1)=w\times v_d(t)+c_1\times r_1\times(pb_{id}(t)-x_{id}(t))+$$

$$c_2\times r_2\times(gb_d(t)-x_{id}(t)) \tag{4-16}$$

其中 w 为惯性权重,也称动力常量,它用于控制过往的速度对目前速度产生的影响。当 w 较大时,之前的速度影响较大,全局搜索能力强;当 w 较小时,之前的速度影响较小,则局部搜索能力较强[250]。PSO 是一种群智能优化方法,它通过粒子间的信息共享来使得整个群体向最优方向发展,具有多点搜索能力,在求解多目标优化问题时,可以一次运行求得多个 Pareto 最优解。同时因为 PSO 算法的编程相对简单,灵活性及通用性都较好,这样就增加了其解决问题的适用范围;虽然该类算法也存在一些不足,但是它可以与其他算法进行结合,结合后的算法可以较好地改善原有的不足,促使它为解决日益复杂的多目标优化问题创造了空间[249]。因此,基于粒子群算法的优势设计求解生鲜农产品冷链物流网络多目标优化问题的方法将具有很大的优势。本研究应用 PSO 算法的关键是为该生鲜农产品冷链物流网络多目标优化问题域定义相关数学对象及运算规则,并针对求解的冷链物流网络 LRIP 多目标优化问题来定义粒子的位置、速度以及相关运算法则等。

4.4.2　改进的离散型粒子群算法设计

1) 算法编码

基于 LRIP 与粒子之间映射的离散型粒子群优化算法(DPSO-LRIP)是针对生鲜农产品冷链物流 LRIP 多目标优化问题而设计的。具体算法编码借鉴文献[251]中的编码方式,由于冷链物流系统中 LRIP 的解空间是有向完全图,用 $G=(V,E)$ 表示,其中每一个潜在解都是 G 的一个生成子图。整个粒子群的搜索空间是完全图 G 中的弧集 E,每个粒子的位置由弧组成的集合表示,构成子集 A。微粒群的搜索空间为生鲜农产品冷链物流配送车辆的停车场和客户节点定义的有向完全图的边集合;"粒子的位置为完全图的边集的一个子集,这个子集中的边首尾相连成为一个有向的汉密尔顿回路,为冷链物流车辆的配送路径"[251];粒子的速度是所有节点的集合,速度集合中的边可能被选中构建粒子的新位置。之后将个体中的每个元素都转化为浮点区间$[0, 1]$的数,计算所有粒子的速度,然后根据相对位置索引将元素转换成整数。例如,如果一个粒子的速度向量为0.4、1、0.6、0.8、0.5,根据相对位置索引转化为5、3、4、2、1。

2)粒子位置更新

针对生鲜农产品冷链物流网络多目标优化问题中零售点或客户的数量n,DPSO-LRIP算法中利用n个候选解在搜索空间中寻找到问题的最优解;其中粒子所对应的位置向量表示为$X_i = [x_i^0, x_i^1, \cdots, x_i^n]$,$X$将设置成$n$个维度,$X$的每个维度表示为$x_i^d = [(m, d), (d, k)]$,$m$,$d \in \{0, 1, \cdots, d-1, d+1, n\}$,$m \neq k$。

其中,种群中每个个体X_i代表一个可行解,结合生鲜农产品冷链物流网络LRIP多目标优化问题可知,车辆从配送中心出发到客户的过程可以有多条路径,每条路径有一辆冷链物流车辆完成对客户的服务,这就形成了有向的汉密尔顿回路。x_i^d由客户d所连接的两条弧线组成,n是总维数(客户总数);d表示当前维数索引,m是客户t的前序节点,即在客户t之前服务的客户;k是客户t的后序节点,即在客户t之后服务的另外一个客户[251]。本研究采用公式(4-14)进行粒子的位置更新。

3)粒子速度更新

在标准PSO算法中,速度更新公式由三部分组成:粒子的惯性速度、粒子学习自身经验的"认知"部分、粒子之间信息共享的"社会"部分。与标准的PSO不同,DPSO-LRIP算法针对生鲜农产品冷链物流网络LRIP多目标优化问题,借鉴文献[252]中的综合学习粒子群算法(comprehensive learning particle swarm optimizer, CLPSO)的综合学习策略,当粒子i的最优化值变化很小时,该粒子的速度更新如公式(4-17)所示。其中,$f_i = [f_i(1), f_i(2), \cdots, f_i(D)]$定义了粒子$i$

将跟随那个粒子的历史最优值。在 D 维空间中,对于每个粒子的每一维都按照一定概率从所有粒子中选择一个粒子的历史最优值的相应维度来学习,从而为每个粒子 i 随机构造了一个学习粒子。种群中每个粒子的每一维均以 p_{c_i} 的概率向最优解集合学习,并非使用传统的算术算子,本研究采用公式(4-17)与(4-18)对粒子的速度进行了更新。为了确保粒子向好的粒子学习而不把时间浪费在较差的对象上,因此设定一个更新间隔代数(refreshing gap),在此期间的学习对象保持不变。这种学习策略能使群体的搜索范围加大,适合于求解多峰函数[252]。

$$V_i^d = w \times V_i^d + c \times rand_i^d \times (Gbest_{f_i(d)}^d - X_i^d) \qquad (4\text{-}17)$$

$$pc_i = 0.05 + 0.45 \times \frac{\left(\exp\left(\dfrac{10(i-1)}{G-1}\right) - 1\right)}{(\exp(10) - 1)}, \; f_i^d = \lceil rand_i^d \times A \rceil$$

$$(4\text{-}18)$$

其中,$Gbest$ 为最优解集合,G 最优解集合中候选解的个数,与种群规模数相等。

4)变邻域搜索

PSO 优化算法在运行过程中,粒子群会迅速靠拢当前的群体最优位置,若该最优位置不是全局最优,PSO 算法相比较于 GA 算法缺少交叉与变异等算子,造成其全局搜索能力较弱,容易出现"早熟收敛"现象。为克服基本 PSO 算法在运算后期由于种群多样性的快速丧失而造成的相关问题,本研究设计的算法利用变邻域搜索局部搜索算子具有拓展局域搜索空间、提高个体搜索质量的特点,从而可以提高群体寻优能力。该搜索算子的引入是为了确定从配送中心到客户的冷链物流服务过程中配送车辆的数量,以此来提高算法的收敛速度。为了确定个体极值及全局极值,本研究以六种邻域机制为基础,分别选择冷链物流服务过程中经过客户数最少的车辆路径,在满足假设条件的前提下,确定距离当前待插入路径最近的客户,并确定另一条车辆路径中是否至少存在该客户,如果存在则选择在新路径物流总成本最小的位置插入,否则不插入[252]。在完成上述操作后即可更新最优解集。

变邻域搜索的具体步骤如下：

对于 L1(s)：

步骤 1：随机选择一条路径 R。

步骤 2：在路径 R 中随机选择两个节点 N1 和 N2。

步骤 3：交换 N1 与 N2。

对于 L2(s)：

步骤 1：随机选择两条路径 R1 和 R2。

步骤 2：在路径 R1 中随机选择一个节点 N1，在路径 R2 中随机选择一个节点 N2。

步骤 3：交换 N1 与 N2。

对于 L3(s)：

步骤 1：选择具有最低承载能力的路径 R。

步骤 2：将配送路径 R 中的客户，插入到其他配送路径中，同时满足车辆的容量限制条件。

5）DPSO-LRIP 算法流程

结合生鲜农产品冷链物流的 LRIP 多目标优化问题设计的 DPSO-LRIP 算法步骤如下[218]：

步骤 1：初始化粒子种群并随机初始化各微粒。

步骤 2：根据粒子位置更新和粒子速度更新算法设计内容的描述，对每个粒子进行速度更新，位置更新。

步骤 3：根据变邻域搜索算法设计内容的描述，对最优解集进行局部搜索。

步骤 4：更新最优解集，如果不满足停止条件，返回步骤 2 继续优化种群。

步骤 5：终止整个算法并得到最优解集。

步骤 6：得到最优解集，即所有车辆的服务路线。

DPSO-LRIP 算法流程如图 4-2 所示。

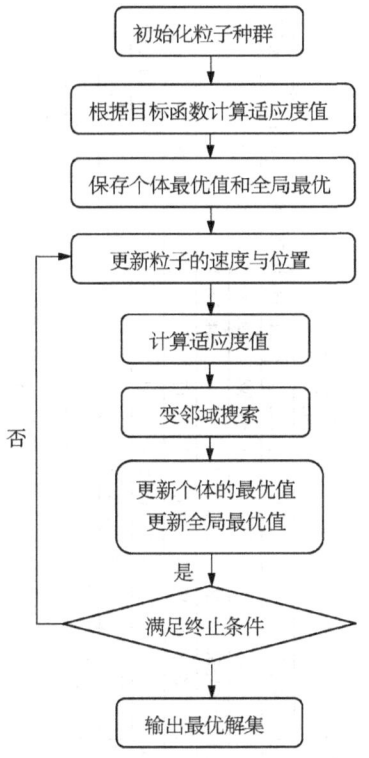

图 4-2　DPSO-LRIP 算法流程

4.5　仿真实验

　　由于当前对于 LRIP 集成多目标优化问题尚未有标准的验证数据,为验证模型和算例的可行性及有效性,本研究以文献[131]的数据为基础,假设某生鲜农产品两级多个配送中心的冷链物流系统中有5个备选配送中心,需要满足 20 个零售点的配送需求。生鲜农产品冷链物流配送中心和零售点的位置在"100×100"的平面随机产生,各节点之间的距离用平面坐标上的欧氏距离表示[253],各零售点的需求量服从正态分布 $N(150, 20)$,冷链物流配送中心和零售点的距离如表 4-2 与表 4-3 所示,其中编号点 1~5 处为冷链物流配送中心,编号 6~25 处为生鲜农产品零售点。

表4-2 冷链物流配送中心与零售点的距离（1~15）

距离	1	2	3	4	5	6	7	8	9	10	11	12	13	14	15
1	0	60.42	43.32	6.4	28.86	20.52	33.24	26.02	27.8	37.11	53.46	31.14	46.1	53.16	36.12
2	60.42	0	32.45	57.87	36.89	51.62	27.29	69.89	37.22	70.01	8.49	32.25	68.01	29.12	74.41
3	43.32	32.45	0	38.08	14.76	26	24.7	41.76	36.36	38.83	24.19	14.87	35.61	10.05	43.91
4	6.4	57.87	38.08	0	24.08	14.21	31.3	21.21	28.43	31.4	50.45	27.07	39.92	48.05	31.02
5	28.86	36.89	14.76	24.08	0	14.76	16.49	33.02	24.74	34.67	28.65	5	36.14	24.35	38.29
6	20.52	51.62	26	14.21	14.76	0	28.6	18.44	31.78	22.8	43.42	19.42	28.28	36.01	25.06
7	33.24	27.29	24.7	31.3	16.49	28.6	0	46.75	12.81	50.54	21.1	12.04	52.63	30.61	53.54
8	26.02	69.89	41.76	21.21	33.02	18.44	46.75	0	47.85	12.81	61.59	37.8	24.08	51.2	10.2
9	27.8	37.22	36.36	28.43	24.74	31.78	12.81	47.85	0	54.57	32.57	21.93	59.08	43.19	56.3
10	37.11	70.01	38.83	31.4	34.67	22.8	50.54	12.81	54.57	0	61.52	39.66	11.66	46.96	6
11	53.46	8.49	24.19	50.45	28.65	43.42	21.1	61.59	32.57	61.52	0	24.17	59.64	22.09	65.95
12	31.14	32.25	14.87	27.07	5	19.42	12.04	37.8	21.93	39.66	24.17	0	40.8	23.32	43.28
13	46.1	68.01	35.61	39.92	36.14	28.28	52.63	24.08	59.08	11.66	59.64	40.8	0	41.87	17.09
14	53.16	29.12	10.05	48.05	24.35	36.01	30.61	51.2	43.19	46.96	22.09	23.32	41.87	0	52.39
15	36.12	74.41	43.91	31.02	38.29	25.06	53.54	10.2	56.3	6	65.95	43.28	17.09	52.39	0
16	13.15	62.65	39.01	8.25	26.68	13.04	37.2	13.04	36.06	24.04	54.78	30.68	33.62	49.04	23.02
17	24.04	63.25	35.17	18.25	26.4	12.04	40.61	6.71	42.72	13.15	54.92	31.24	22.47	44.72	13.6
18	40.01	63.98	67.2	45.1	54.2	55.79	43.84	66	31.14	76.42	61.59	52.43	83.95	74.33	76.03
19	48.3	18.36	36.06	47.43	32.65	45.61	17.03	63.78	21.59	67.23	18.03	27.73	68.35	37.85	70.46
20	77.1	66.07	41.79	70.77	53.85	56.59	66.48	61.27	77.82	49.98	60.07	55.9	38.6	38.33	55.66
21	104.39	46.4	77.78	102.86	83.23	97.91	71.55	116.25	77.79	116.18	54.82	78.49	113.22	71.84	120.74
22	18.25	42.2	28.6	16.12	14.14	17.26	15.23	33.62	14.56	40.02	35.23	14.32	45.01	37.59	41.79
23	22.09	61.66	56.08	27.66	41.73	39.81	36.4	48.09	24.52	59.03	57.01	41.4	67.36	64.64	58.22
24	42.06	23.09	34.23	41.4	28.46	40.5	12.08	58.41	15.3	62.61	20.62	23.77	64.56	37.7	65.51
25	15.13	61.03	51.87	20.88	37.2	33.62	34.53	41.11	24.08	52.17	55.58	37.59	60.75	60.9	51.24

表 4-3　冷链物流配送中心与零售点的距离(16～25)

距离	16	17	18	19	20	21	22	23	24	25
1	13.15	24.04	40.01	48.3	77.1	104.39	18.19	22.09	42.06	15.13
2	62.65	63.25	63.98	18.36	66.07	46.4	42.29	61.66	23.09	61.03
3	39.01	35.17	67.2	36.06	41.79	77.78	28.38	56.08	34.23	51.87
4	8.25	18.25	45.1	47.43	70.77	102.86	15.94	27.66	41.4	20.88
5	26.68	26.4	54.2	32.65	53.85	83.23	13.88	41.73	28.46	37.2
6	13.04	12.04	55.79	45.61	56.59	97.91	16.9	39.81	40.5	33.62
7	37.2	40.61	43.84	17.03	66.48	71.55	15.38	36.4	12.08	34.53
8	13.04	6.71	66	63.78	61.27	116.25	33.3	48.09	58.41	41.11
9	36.06	42.72	31.14	21.59	77.82	77.79	14.92	24.52	15.3	24.08
10	24.04	13.15	76.42	67.23	49.98	116.18	39.66	59.03	62.61	52.17
11	54.78	54.92	61.59	18.03	60.07	54.82	35.27	57.01	20.62	55.58
12	30.68	31.24	52.43	27.73	55.9	78.49	14.17	41.4	23.77	37.59
13	33.62	22.47	83.95	68.35	38.6	113.22	44.64	67.36	64.56	60.75
14	49.04	44.72	74.33	37.85	38.33	71.84	37.41	64.64	37.7	60.9
15	23.02	13.6	76.03	70.46	55.66	120.74	41.44	58.22	65.51	51.24
16	0	11.18	53.01	53.91	67.2	108.41	22.37	35.23	48.1	28.28
17	11.18	0	63.29	57.63	57.45	109.62	27.89	45.89	52.43	39.05
18	53.01	63.29	0	45.69	108.05	95.01	41.06	18.25	41.18	25.18
19	53.91	57.63	45.69	0	76.12	56.3	31.63	45	6.32	45.54
20	67.2	57.45	108.05	76.12	0	102.16	67.37	94.81	75.43	89.38
21	108.41	109.62	95.01	56.3	102.16	0	86.93	99.82	62.63	101.39
22	22.63	28.23	40.72	31.4	67.68	86.76	0	27.59	25.5	23.32
23	35.23	45.89	18.25	45	94.81	99.82	27.84	0	39.05	7
24	48.1	52.43	41.18	6.32	75.43	62.63	25.74	39.05	0	39.32
25	28.28	39.05	25.18	45.54	89.38	101.39	23.52	7	39.32	0

各生鲜农产品冷链物流配送中心的固定建设成本服从均匀分布 $U(100,200)$。该配送中心每次向生产基地定货的定货成本 Q_t 为 18 元/次,单位生鲜农产品库存持有成本 h_t 服从均匀分布 $U(1.5,3.5)$,配送中心的定货提前期为 7,配送中心的服务水平 α 为 97.5%,生鲜农产品单位距离的运费 p_t 为 0.01 元/千克/千米,运输途中生鲜农产品的腐败速率系数 θ 为 0.05,运输生鲜农产品的单位价值 P 为 6 元/千克,车辆的平均运输速率为 35 千米/时,冷链物流配送中心的最大容量为

1 800 千克,冷链物流车辆的最大运载能力 b 为 900 千克。

DPSO-LRIP 算法的参数如下:种群规模为 50,进化代数为 100,$w=0.729,c1=c2=1.49445$。该算法用 Matlab R2014b 实现,在配置为 Intel(R)core(TM) i7-4610M 3.00GHz CPU、8GB 内存、Windows7 操作系统的笔记本电脑上进行仿真实验。

实验算例的运行结果如表 4-4 所示,生鲜农产品冷链物流配送中心分别在 1、2、5 点建立。当选择冷链物流配送中心 1 时,共有两条配送路径,订货量为 1 146 千克,此时选址成本为 107 元,总成本为 2 381 元;当选择冷链物流配送中心 2 时,共有两条配送路径,此时订货量为 1 335 千克,选址成本为 176 元,总成本为 5 272 元;当选择冷链物流配送中心 5 时,共有三条配送路径,此时订货量为 1 321 千克,选址成本为 199 元,总成本为 6 247 元。所有优化结果中共有 7 条车辆运输路线,冷链物流配送中心 1、2、5 处每年向生鲜农产品生产基地的订货量为 3 802 千克,选址成本共计 482 元,库存成本共计 3 806 元,运输成本共计 9 612 元,系统总成本为 13 900 元。

表 4-4 算例运行结果

金额单位:元

选定的配送中心	配送路线	订货量(千克)	选址成本	库存成本	运输成本	总成本
1	1-8-15-16-12-1 1-13-1	1 146	107	1 005	1 269	2 381
2	2-19-6-18-21-2 2-24-11-7-2	1 335	176	1 294	3 802	5 272
5	5-17-22-14-5 5-20-10-23-5 5-25-9-5	1 321	199	1 507	4 541	6 247

生鲜农产品冷链物流集成多目标优化问题的三个目标和总成本的最优值随进化代数变化的过程如图 4-3 至图 4-6 所示,成本随着进化代数的增加,均保持总体下降的趋势,这说明运用 DPSO-LRIP 算法可以较好地解决 LRIP。当进化代数为 10 代至 30 代时选址成本和库存成本的最小值均出现较大波动,这也表明了 DPSO-LRIP 算法在寻

求多目标函数全局的最优解时,会偶尔以某一个目标的增大作为代价。该实验算例的多目标优化结果中最优解分别为选址成本 482 元,库存成本 3 806 元,运输成本 9 612 元,总成本共计 13 900 元;任何一个成本的减少都会引起其他成本的增加,因此不存在一个最优解使得多个目标值同时达到最优。所以生鲜农产品冷链物流企业应该根据实际情况,从多种优化方案中选择一个最符合企业发展需求的方案。

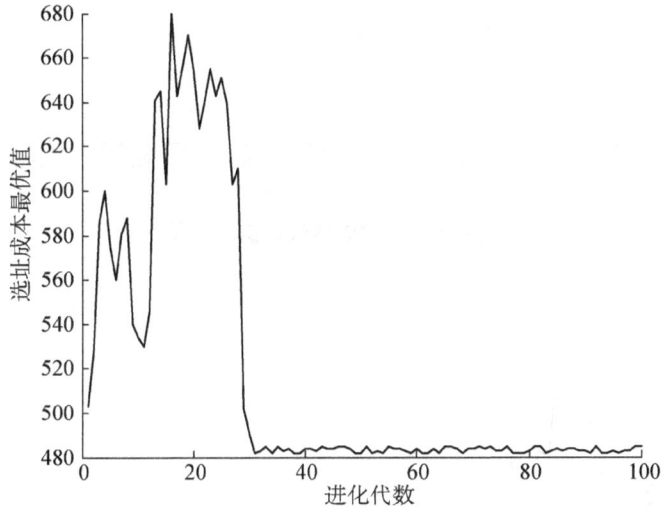

图 4-3 选址成本最优值变化图

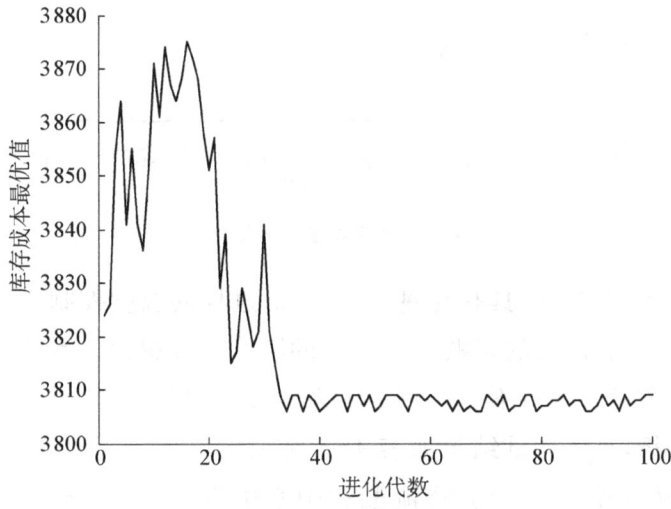

图 4-4 库存成本最优值变化图

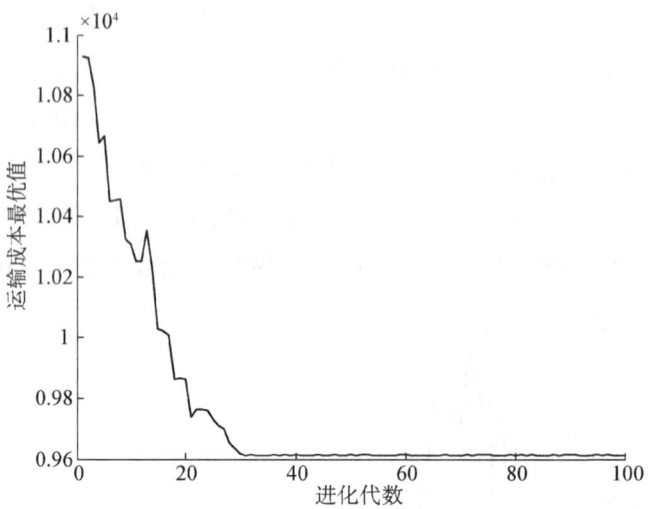

图 4-5　运输成本最优值变化图

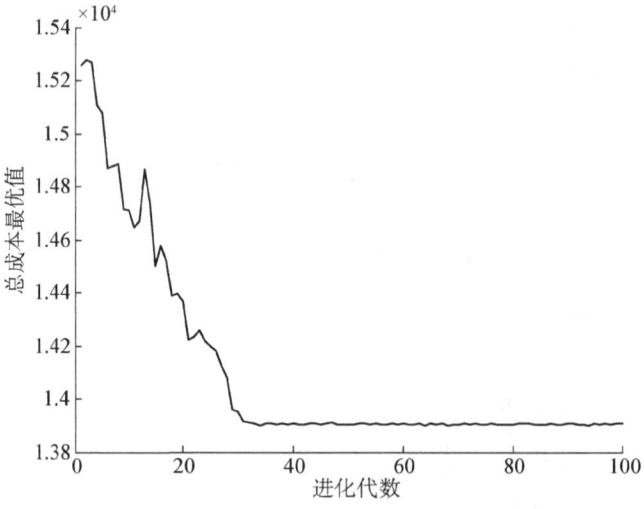

图 4-6　总成本最优值变化图

　　由于生鲜农产品具有易腐性,对运输过程的温度控制有很高的要求,因此生鲜农产品的腐败率对成本的影响不容忽视。本研究将算法的其他参数设置保持不变,以 0.01 为步长增加腐败率,对腐败率进行灵敏度分析,具体测试结果如表 4-5 所示。当腐败率为 0.05、0.06、0.07时,从 5 个备选冷链物流配送中心中选择 3 个,配送路径都为

7 条,其中生鲜农产品订货量变化波动较小,总成本随着腐败率的增加逐步增大;当腐败率为 0.08、0.09、0.1 时,选择的冷链物流配送中心增加到 4 个,配送路径都相应增加,分别为 9 条、9 条和 11 条,其中生鲜农产品订货量变化波动较小,总成本随着腐败率增加而增大。从最优化结果来看,腐败率的增加会增加选择的冷链物流配送中心数量和配送路径,同时订货量相应减少,总成本逐步增加,这与现实情况相符合。腐败率的增加,使得生鲜农产品变质风险逐渐加大,冷链物流企业为了保证生鲜农产品品质及质量安全会更多地选择离客户更近的配送中心,并增加配送路径,以保证生鲜农产品及时送达;而增加的冷链物流配送中心和配送路径会使得选址成本和运输成本上升,同时生鲜农产品腐败率的增加本身也会增加产品的货损成本,因此导致了总成本的上升。

表 4-5 不同腐败率的最优解测试结果

金额单位:元

腐败率	选定的配送中心	配送路径	订货量	总成本
0.05	1、2、5	7 条	3 802	13 900
0.06	1、4、5	7 条	3 860	15 816
0.07	1、3、5	7 条	3 845	16 975
0.08	1、2、4、5	9 条	3 761	18 285
0.09	1、3、4、5	9 条	3 752	19 560
0.1	1、3、4、5	11 条	3 741	21 013

从 DPSO-LRIP 算法寻优的过程来看,经过 100 次迭代以后,不同腐败率对应的最优进化代数在 25 到 40 之间小幅波动(见表 4-6)。

表 4-6 不同腐败率的最优成本测试结果

金额单位:元

腐败率	最优解代数	选址成本	库存成本	运输成本	总成本
0.05	34	482	3 806	9 612	13 900
0.06	37	513	3 875	11 428	15 816
0.07	29	526	3 923	12 526	16 975
0.08	26	713	3 879	13 693	18 285
0.09	35	728	3 916	14 916	19 560
0.1	32	728	3 948	16 337	21 013

虽然库存成本的变化不大，但选址成本最优值随着生鲜农产品腐败率的增加会不断增加；运输成本也出现了大幅度上涨，从而导致总成本的上涨。通过图 4-7 至图 4-11 可以进一步了解生鲜农产品的腐败率对冷链物流总成本寻优过程产生的具体影响。

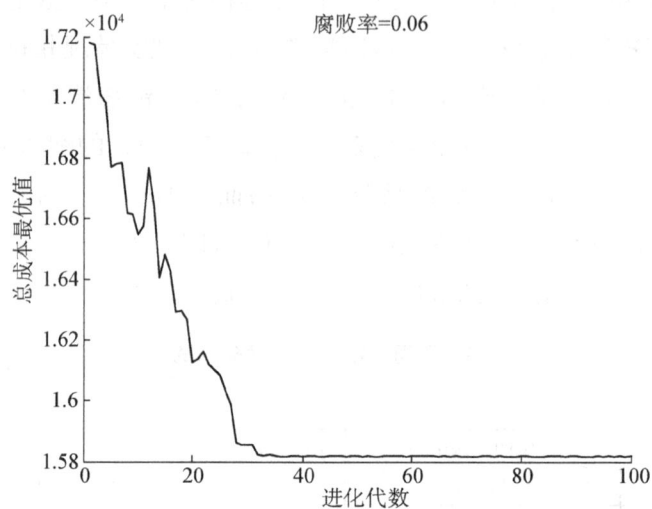

图 4-7　腐败率为 0.06 时总成本最优值变化图

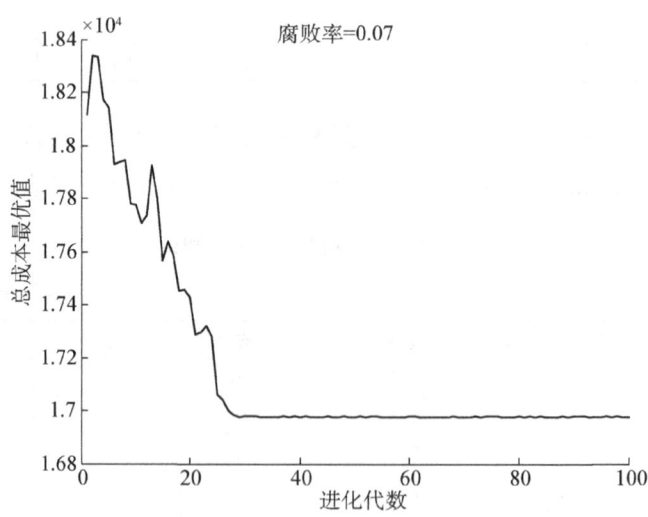

图 4-8　腐败率为 0.07 时总成本最优值变化图

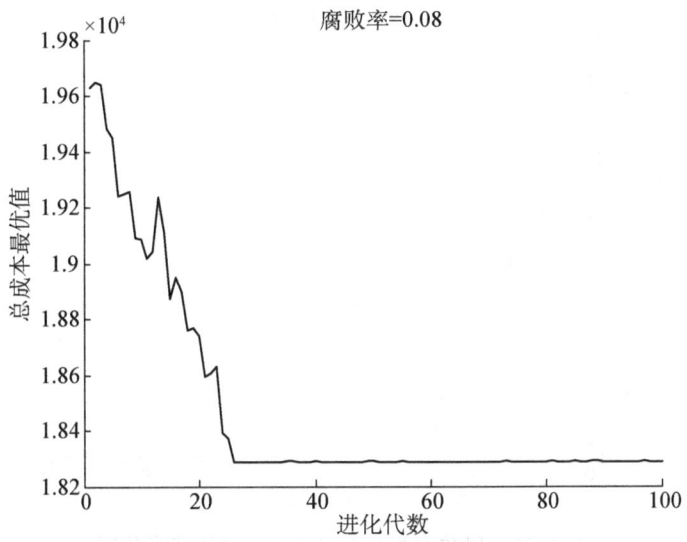

图 4-9　腐败率为 0.08 时总成本最优值变化图

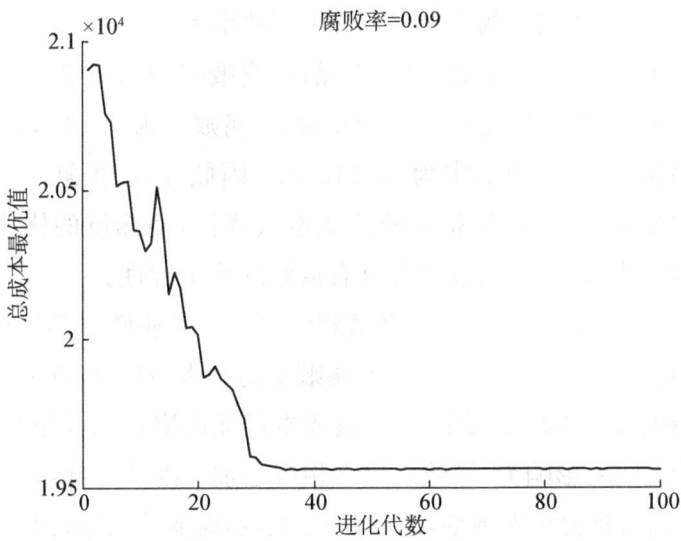

图 4-10　腐败率为 0.09 时总成本最优值变化图

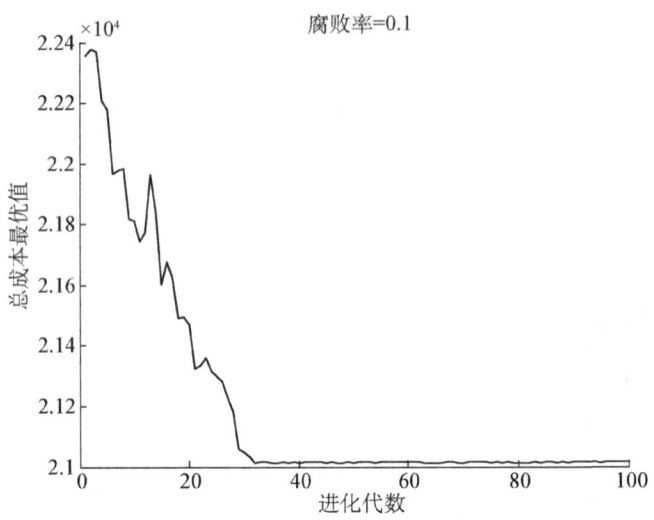

图 4-11 腐败率为 0.1 时总成本最优值变化图

从总成本变化趋势来看,生鲜农产品在腐败率不同的情况下,其总成本的波动趋势大体相同。当腐败率为 0.06 时,在第 37 代寻找到最优解,此时总成本为 15 816 元;当腐败率为 0.07 时,在第 29 代寻找到最优解,此时总成本为 16 975 元;当腐败率为 0.08 时,在第 26 代寻找到最优解,此时总成本为 18 285 元;当腐败率为 0.09 时,在第 35 代寻找到最优解,此时总成本为 19 560 元;当腐败率为 0.1 时,在第 32 代寻找到最优解,此时总成本为 21 013 元。因此,随着生鲜农产品腐败率参数的变化,改变的是相应的总成本最优值,而测试的优化结果和最优决策并未改变,说明该模型具有良好的抗干扰性。

如图 4-12 所示,我们可以观察到生鲜农产品腐败率的增加对各个分成本和总成本的影响程度。随着腐败率的逐步增加,库存成本和选址成本的最优值增加幅度较小,而运输成本最优值增加幅度相对较大;运输成本受腐败率影响大,导致总成本相应增加。因此,冷链物流企业可以根据生鲜农产品的腐败率,选择合适的运输成本并调整成本结构。

本研究将 DPSO-LRIP 算法与 PSO 算法进行比较分析,在相同的参数设置下,得到两种算法在 100 代进化内的收敛情况,具体如图 4-13 所示。

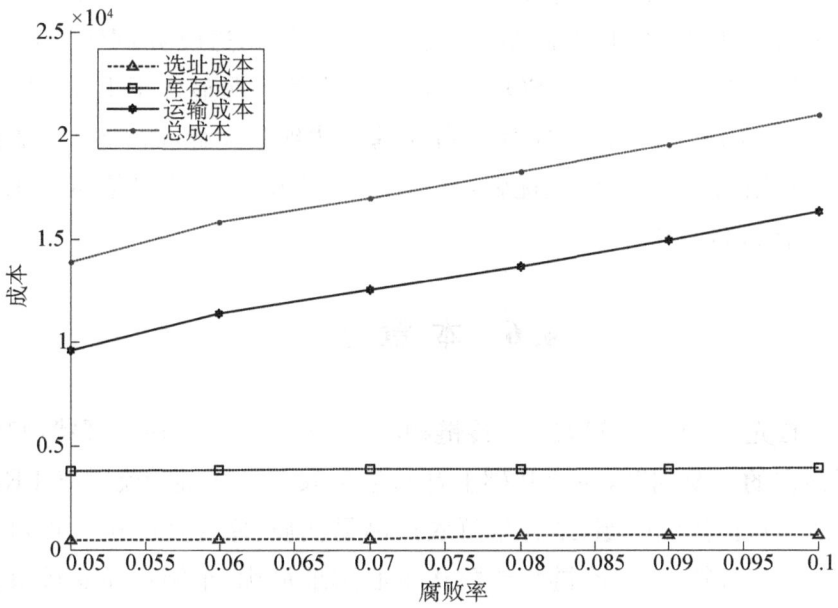

图 4-12 成本最优值变化图

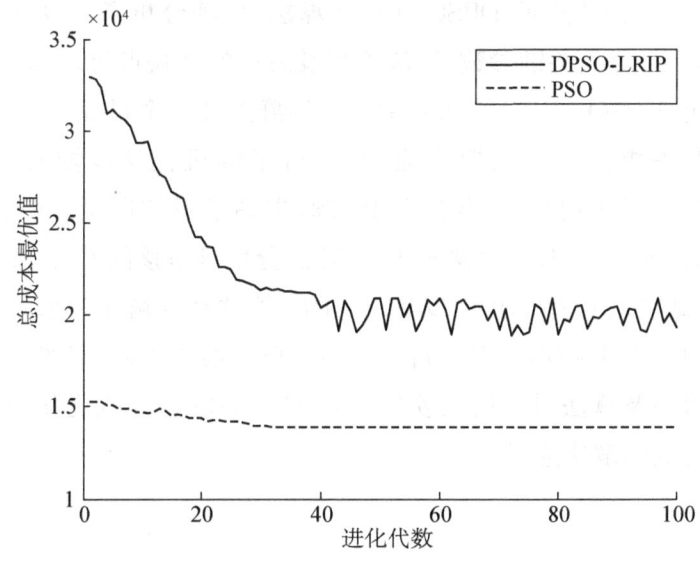

图 4-13 算法收敛曲线图

从图 4-13 可以看到,运用 DPSO-LRIP 算法所得到的总成本的最优值随着进化代数的增加,保持总体下降的趋势,这说明 DPSO-LRIP 算法的有效性。同时 DPSO-LRIP 算法收敛性明显优于 PSO 算法,DPSO-LRIP 算法在第 34 代左右就基本达到最优解,而 PSO 算法在 100 代之内没有收敛到最优解,且 DPSO-LRIP 算法所得整体优化成本大于 PSO 算法。

4.6　本　章　小　结

首先,阐述了生鲜农产品冷链物流 LRIP 的国内外研究现状,归纳了存在的主要问题,在此基础上针对生鲜农产品冷链物流网络 LRIP 集成多目标优化问题,结合生鲜农产品易变质、库存及配送过程对温度要求高等特点,以冷链物流配送中心选址最优、车辆路径安排最优及库存成本最少为目标函数,构建了一个非线性整数规划模型。其次,结合该类复杂的集成多目标优化问题特点,以基本粒子群算法为基础,设计了一种改进的 DPSO-LRIP 算法,详细分析了该算法与 PSO 算法的基本思想、关键参数、算法流程及改进的优缺点等;针对 PSO 算法的不足,DPSO-LRIP 算法采用多个种群处理多个目标,运用变邻域搜索策略来提高粒子的搜索能力,进行了随机化深度搜索,改进了 PSO 算法容易出现"早熟收敛"的问题,提高了解的质量。最后,应用改进后的 DPSO-LRIP 算法与 PSO 算法分别求解该问题,并做对比分析,仿真结果表明所提出的 DPSO-LRIP 算法在求解生鲜农产品冷链物流 LRIP 多目标优化问题方面具有更好的收敛性及有效性。本章节提出的模型及算法对于解决实际生鲜农产品冷链物流优化设计问题提供了有效的解决途径。

5 带时间窗的生鲜农产品冷链 物流集成优化问题

5.1 引 言

生鲜农产品多具有易腐败的特征,随着时间的推移其品质和质量会有所下降,这就决定了该类产品的物流服务必然受到客户对服务时间的要求。这里所研究的服务时间是指需要企业在服务窗对客户进行物流服务的时间根据研究要求的不同,可以将时间窗分为模糊时间窗(fuzzy time windows,FTW)、硬时间窗(hard time windows,HTW)及软时间窗(soft time windows, STW)[254]。本研究研究软时间窗限制下的冷链物流网络多目标优化问题,即将生鲜农产品配送给客户,如果早到或晚到,客户都有权依照违反时间的长短向冷链物流企业提出惩罚,这就要求冷链物流必须在客户规定的时间窗内为其提供冷链物流服务,否则将会大大增加企业运营与管理的成本。由于带时间窗的问题更贴近冷链物流企业的现实情况,因此该类问题受到了越来越多学者的关注,他们基于不同的任务及约束条件对其进行研究。Zarandi 等人最早将 FTW 变量引入 LRP 模型中,并提出了在不确定性环境下客户需求和时间窗变量模糊化的 LRPTW 模型[255];他们认为现实生活中客户的需求多倾向于某一个时间段内,早到或晚到都会影响客户的满意度,为此在研究此类问题时可以将时间窗进行模糊化处理,从而有利于提高服务的质量。罗耀波与孙延明针对此类问题构建了一个基于模糊时间窗的带容积约束选址—路径问题(capacitated location routing problem with fuzzy time windows,CLRPFTW)双目标混合整数规划模型,并设计了两阶段模拟退火算法对模型进行求解[256];之后罗耀波等人又研究了考虑库存容量、车载量约束及需要满足客户软时间窗要求的LRP,建立了带软时间窗及退货需求的多仓库选址—路径(multi-depot location routing problem,MDLRP)数学模型,通过改进的混合遗传算法对模型进行了求解[257];该研究也丰富了同时考虑客户退货及时间窗问题的多目标优化问题研究。石兆与符卓则针对易腐食品冷链物流的定位与路径问题进行了研究,结合该类问题的时变性特征,设计了服务时间窗满意度函数,构建了相应的非线性整数规划模型,并采用了混合遗传算法对模型进行了求解[119]。也有部分学者关注到了物流网络优化的其他问题,Goncalves等人研究了客户模糊需求背景下的带时间窗的车辆路径问题(vehicle routing problem with time windows,VRPTW),并建立了机会约束补偿模型,最后采用启发式算法对模型进行了求解[258]。Gong等人则研究了带软时间窗的VRPTW,构建了一个带软时间窗的非线性整数规划模型,并针对该问题模型构建了两代蚁群算法对其进行求解[259]。Michael等人针对VRPTW构建了多目标动态规划模型[260];Iqbal等人则分析了带软时间窗的VRP,在建立相应数学模型基础上,应用蜂群算法对模型进行了求解[261];Shi与Weise[262]及Balseiro等人[263]则对比分析了带软时间窗与硬时间窗的问题,分别构建了相应的数学模型,并结合具体问题设计了一种改进后的蚁群算法对其进行求解。国内学者何小锋和马良引入了量子比特启发式因子,构建了量子蚁群算法针对此类问题进行了求解[264];邵举平等人针对生鲜农产品配送具有时变需求的特点,引入价值损耗来反映生鲜农产品价格随时间延长价值下降的情况,建立了多目标VRPTW优化模型;并通过改进的遗传算法对模型进行了求解[265];马向国等人研究了随机需求背景下的带时间窗的VRP,以此构建了一个带时间窗的非线性整数规划模型,并应用改进后的遗传算法对模型进行了求解[266];梁承姬等人认为,提高客户满意度的关键是保证准时的送达时间,他们根据冷链产品的特性,设置了模糊时间窗,并构建了运输成本、货损成本及时间成本等最小的多目标优化问题模型,并应用改进后的遗传算法对模型进行了求解[267]。Liu 与 Lee 研究了随机需求下的 IRP,该研究在假设客户采用 (T,S) 库存的策略下,构建了带硬时间窗约束的随机需求库存——路径问题(stochastic demand inventory routing problem with hard time windows,SDIRPHTW)的混合整数规划模型,并采用分解法对模型进行了求解[268];赵达等人针对文献[268]研究的不足,同时考虑了时间窗、配送成本及用车数量等条件,设计了一个基于 $(s,\ S)$ 库存策略和修正 C-W 节约法的启发式算法对问题进行了求解[269]。

综上所述,国内外关于带时间窗约束条件的物流网络优化问题的相关研究较为丰富,但多集中在对 VRP、LRP、IRP 等的研究,在对 LRP 及 IRP 等两两多目标优化问题的研究过程中,多是采用了两阶段分解法对设施选址、库存分配问题及车辆路径问题进行分解研究,并且将多目标优化问题转化成了单目标问题,所得到的解不能反映企业的真实需求。也有部分学者针对该类问题构建了上层为配送中心选址,下层为车辆路径问题的双层规划模型,但缺少将时间窗约束引入该类模型中的研究。为了更好地满足客户的需求,生鲜农产品的配送需要在规定的时间窗内配送完成,这样不仅可以减少货物的腐败率,而且可以有效保障该类产品的品质。此时,客户满意度的提高就是由冷链物流配送的准时性体现出来的,因此,本章以非线性整数规划理论为基础,结合当前生鲜农产品的特性及温控要求,在 LRIP 基础问题模型上,加入带软时间窗的约束条件构建相应的数学模型,从而系统地优化冷链物流网络的配送中心选址、库存及车辆路径安排策略对客户产生的影响。由于该类问题涉及因素众多,而且优化目标相对复杂,已经被证实属于典型的 NP-hard 问题[259],本研究针对该多目标优化问题模型设计或改进了相应的多目标优化算法对其进行求解。该研究对提高现代冷链物流服务效率、保障生鲜农产品质量安全及提升客户满意度等方面具有重要的理论和实践意义。

5.2 带时间窗的生鲜农产品冷链物流集成优化问题描述及模型假设条件

5.2.1 带时间窗的生鲜农产品冷链物流集成优化问题描述

本章节在研究生鲜农产品冷链物流网络 LRIP 集成多目标优化问题时需要考虑客户的软时间窗要求,这个过程是指冷链物流配送车辆从配送中心出发后必须在客户要求的软时间窗内送达,如果违反要求将会受到惩罚。该问题依然反映的是冷链物流两级分销网络背景下的相关问题,如图 4-1 所示。本章节研究问题之一是从第三方冷链物流企业提供的多个备选配送中心中,根据产品的特性及客户的实际需求确定物流成本最小的配送中心;问题之二为在问题一基础上结合生鲜农产品的具体订货量和次数来确定库存的数量,从而减少相应的成本;问题之三为针对冷链物流车辆配送零售点的数量及配送的先后顺序,在满足零售点时间窗约束的条件下,考虑每辆车载重相同的情况下选定最优的车辆配送路径。

5.2.2 带时间窗的生鲜农产品冷链物流集成优化问题模型假设条件

模型的假设条件如下:

(1)每个生鲜农产品的零售点或客户需求点只安排一个冷链物流配送中心为其提供相应的物流服务。

(2)生鲜农产品的零售点或客户需求服从随机性分布。

(3)配送车辆从冷链物流配送中心出发后到最后返回该配送中心的起讫点都相同,每个客户点都被同一车辆提供服务。

(4)配送所使用的冷链物流车辆及车型相同,且载重量也相等。

(5)不考虑生鲜农产品在产地产生的货物品质损耗。

(6)冷链物流配送过程中温度符合生鲜农产品质量安全标准及要

求,并在不考虑其他的影响因素的条件下,假设配送时生鲜产品的腐坏率是恒定的。

(7) 每个客户都有一个指定的服务时间窗,超出时间窗范围配送会产生惩罚成本。

5.3 带时间窗的生鲜农产品冷链物流集成优化问题模型构建

5.3.1 模型参数及决策变量

1) 模型参数

本章节模型构建中各符号代表的含义如表 4-1 所示。

2) 决策变量

X_i 代表从生产基地到冷链物流 DC_i 运输的生鲜农产品数量。

Y_{ij} 代表从冷链物流 DC_i 到生鲜农产品零售点 j 运输的产品数量。

$$U_i = \begin{cases} 1 & \text{如果 } i \text{ 被选作 } DC \\ 0 & \text{否则} \end{cases} \quad i \in I$$

$$RR_{ij} = \begin{cases} 1 & \text{如果零售点 } j \text{ 的需求由 } DC_i \text{ 来满足} \\ 0 & \text{否则} \end{cases} \quad i \in I, j \in J$$

$$q_{gjk} = \begin{cases} 1 & \text{如果车辆 } k \text{ 从节点 } g \text{ 开到节点 } j \quad \forall g \in (I \cup J), j \in J, \\ 0 & \text{否则} \end{cases} \quad k \in K$$

5.3.2 带时间窗的生鲜农产品冷链物流集成多目标优化问题模型

与常温物流相比较,生鲜农产品在物流服务过程中对温度的要求较高,这不仅直接增加了物流的能耗成本,还增加了相关设施的建设费用,同时为了提高客户满意度还需要满足相应的时间窗要求,这些因素都造成了冷链物流总成本的增加。在这样的背景下,带时间窗的冷链物流网络多目标优化问题的成本构成如下。

1) 选址成本

生鲜农产品冷链物流配送中心的固定建设费用为 $\sum\limits_{i \in I} f_i U_i$。

2) 车辆运输成本

从生鲜农产品生产基地到冷链物流配送中心的运输成本为 $\sum\limits_{i \in I} p_t X_i d_i U_i$，从冷链物流配送中心到生鲜农产品零售点或客户的运输成本为 $\sum\limits_{k \in K} \sum\limits_{g \in (I \cup J)} \sum\limits_{j \in J} p_t Y_{gj} d_{gj} q_{gjk}$。冷链运输的生鲜农产品具有易腐败的特性，配送过程中会产生一定的货损成本。以初始装运时完好的生鲜农产品数量 $W_{ij}(0)$ 为标准计算运输费用，假设生鲜农产品以恒定速率腐败，则有腐败微分方程 $dw_{ij}(t)/d_t = -\theta w_{ij}(0)$，可知 $w_{ij}(T) = x_{ij} e^{-\theta s_{ij}/v_i}$，因此从生鲜农产品生产基地到冷链物流配送中心的货损成本为 $\sum\limits_{i \in I} p X_i (1 - e^{-\theta d_i/v_i})$，从该配送中心到零售点或客户的货损成本为 $\sum\limits_{k \in K} \sum\limits_{g \in (I \cup J)} \sum\limits_{j \in J} p Y_{gj} (1 - e^{-\theta d_{gj}/v_{gi}}) q_{gjk}$，车辆运输总成本为 $p_t \left(\sum\limits_{i \in I} X_i d_i U_i + \sum\limits_{k \in K} \sum\limits_{g \in (I \cup J)} \sum\limits_{j \in J} Y_{gj} d_{gj} q_{gjk} \right) + p \left[\sum\limits_{i \in I} X_i (1 - e^{-\theta d_i/v_i}) + \sum\limits_{k \in K} \sum\limits_{g \in (I \cup J)} \sum\limits_{j \in J} Y_{gj} (1 - e^{-\theta d_{gj}/v_{gi}}) q_{gjk} \right]$。

3) 库存成本

订货成本为 $\sum\limits_{i \in I} \sum\limits_{j \in J} O_i D_j RR_{ij}/Q_i$，存货成本为 $\sum\limits_{i \in I} h_i Q_i/2$。假设各个零售点的需求相互独立，且服从标准正态分布，期望为 u_j，方差为 σ_j^2，则配送中心 DC_i 在定货提前期 L_i 的需求量即安全库存点为 $L_i \sum\limits_{j \in J} \sigma_j^2 RR_{ij}$，配送中心的订货点为 $z_{\alpha_0} \sqrt{L_i \sum\limits_{j \in J} \sigma_j^2 RR_{ij}}$，相应的安全库存成本为 $h_i z_{\alpha_0} \sqrt{L_i \sum\limits_{j \in J} \sigma_j^2 RR_{ij}}$，其中 z_{α_0} 表示在标准正态随机变量 Z 之外的比例，$P(Z \leqslant z_{\alpha_0}) = \alpha_0$，$\alpha_0$ 为冷链物流配送中心的服务水平。总库存成本为 $\sum\limits_{i \in I} \left(O_i \sum\limits_{j \in J} D_j RR_{ij}/Q_i + h_i Q_i/2 + h_i z_{\alpha_0} \sqrt{L_i \sum\limits_{j \in J} \sigma_j^2 RR_{ij}} \right)$。

4) 超出零售商配送时间的惩罚成本

假设 $[E_j, L_j]$ 表示零售点 j 的时间窗，T_{jk} 为车辆到达零售点 j 的时间，T_{gk} 为车辆到达节点 g 的时间，ST_{gk} 为车辆在节点 g 处等候的时间，d_{gj}/V_{gj} 为车辆从节点 g 驶向节点 j 的运输时间，P_{de} 为车辆早到的惩罚系数，P_{dL} 为车辆迟到的惩罚系数，则时间窗惩罚成本为

$P_{de} \sum_{j \in J} \max(E_j - T_{jk}, 0) + P_{dL} \sum_{j \in J} \max(T_{jk} - L_j, 0), T_{jk} = (T_{gk} + ST_{gk} + d_{gj}/V_{gj}) \times q_{gjk}, \forall g \in (I \bigcup J), j \in J, k \in K$。

根据以上分析，我们构建了一个混合整数非线性规划数学模型。目标函数的公式如下：

$$\min Z_1 = \sum_{i \in I} f_i U_i \tag{5-1}$$

$$\min Z_2 = p_t \left(\sum_{i \in I} X_i d_i U_i + \sum_{k \in K} \sum_{g \in (I \bigcup J)} \sum_{j \in J} Y_{gj} d_{gj} q_{gjk} \right)$$

$$+ p \Big[\sum_{i \in I} X_i (1 - e^{-\theta d_i/v_i}) \tag{5-2}$$

$$+ \sum_{k \in K} \sum_{g \in (I \bigcup J)} \sum_{j \in J} Y_{gj} (1 - e^{-\theta d_{gj}/v_{gj}}) q_{gjk} \Big]$$

$$\min Z_3 = \sum_{i \in I} \left(O_i \sum_{j \in J} D_j RR_{ij} / Q_i + h_i Q_i / 2 \right.$$

$$\left. + h_i z_{\alpha} \sqrt{L_i \sum_{j \in J} \sigma_j^2 RR_{ij}} \right) \tag{5-3}$$

$$\min Z_4 = P_{de} \sum_{j \in J} \max(E_j - T_{jk}, 0)$$

$$+ P_{dL} \sum_{j \in J} \max(T_{jk} - L_j, 0) \tag{5-4}$$

s.t

$$Q_i + z_{\alpha_0} \sqrt{L_i \sum_{j \in J} \sigma_j^2 RR_{ij}} \leqslant N_i \tag{5-5}$$

$$\sum_{j \in J} D_j \sum_{j \in J} q_{gjk} \leqslant b \tag{5-6}$$

$$\sum_{k \in K} \sum_{g \in (I \bigcup J)} q_{gjk} = 1 \tag{5-7}$$

$$\sum_{j \in J} \sum_{g \in (I \bigcup J)} q_{gjk} \leqslant 1 \tag{5-8}$$

$$\sum_{k \in (I \bigcup J)} q_{gjk} - \sum_{k \in (I \bigcup J)} q_{jgk} = 0 \tag{5-9}$$

$$\sum_{i \in I} X_i \geqslant \sum_{j \in J} Y_{ij} \tag{5-10}$$

$$\sum_{i \in I} Y_{ij} = D_j \tag{5-11}$$

$$T_{jk} = (T_{gk} + ST_{gk} + d_{gj} / V_{gj}) \times q_{gjk}, \tag{5-12}$$

$$\forall g \in (I \bigcup J), j \in J, k \in K$$

$$U_i = \{0, 1\}, i \in I \tag{5-13}$$

$$RR_{ij} = \{0, 1\}, i \in I, j \in J \tag{5-14}$$

$$q_{gjk} = \{0, 1\}, \forall g \in (I \bigcup J), j \in J \tag{5-15}$$

公式(5-1)表示生鲜农产品冷链物流配送中心选址成本最小;公式(5-2)表示冷链物流车辆运输成本最小;公式(5-3)表示库存成本最小;公式(5-4)表示违反时间窗的惩罚成本最小;公式(5-5)表示冷链物流配送中心的能力约束;公式(5-6)表示冷链物流车辆的运输能力约束;公式(5-7)表示生鲜农产品每个零售点或客户有且仅有1辆车为其服务;公式(5-8)表示每辆车最多服务于一个冷链物流配送中心;公式(5-9)表示冷链物流车辆不能停留在某个节点上[216];公式(5-10)表示车辆运输到配送中心的生鲜农产品数量大于运输到零售点的产品数量;公式(5-11)表示每个生鲜农产品零售点的需求都能得到满足;公式(5-12)表示车辆 k 到达生鲜农产品零售点 j 的时间;公式(5-13)至公式(5-15)保证决策变量的非负性。

5.4 带时间窗的生鲜农产品冷链物流集成多目标优化问题模型求解

5.4.1 求解带时间窗的生鲜农产品冷链物流集成多目标优化问题模型思路

带时间窗的生鲜农产品冷链物流网络 LRIP 集成多目标优化问题是对冷链物流一般 LRIP 的扩展,属于 NP-hard 问题[267]。目前,求解该类问题的方法不仅有各类精确算法,而且还包括启发式算法;但是随着问题的复杂性不断提高及规模的不断增加,这两种算法表现出了较多缺点。在这样的背景下,EMO 算法在求解该类问题时展现出了更多优势。为了提高算法的性能,很多学者将不同的进化算法相结合,使得各算法间形成了优势互补,拓宽了求解复杂多目标优化问题的范围[140]。基于此,本研究在解决带时间窗的生鲜农产品冷链物流网络 LRIP 多目标优化问题时,将多目标蚁群算法与遗传算法相结合,在遗传算法中的变异与交叉过程阶段引入蚁群算法,同时加入时间窗的要素,在蚂蚁状态转移规则中考虑时间窗因素与生鲜农产品货损成本因素。

5.4.2　蚁群算法基本原理及流程

5.4.2.1　蚁群算法基本原理

意大利学者 Dorigo 等人通过对蚁群的观察,发现了蚁群在寻找食物过程中遵循着一定的规律,通过反复观察及实验,他们根据蚁群觅食机制提出了蚁群算法(ant colony optimization,ACO),该算法主要是通过蚁群在复杂的环境中寻找食物所表现出来的"寻优能力"来处理企业或工程中面对的离散优化难题[270]。之后很多国内外学者在其基础上不断研究,对其进行了改进,并将其广泛地应用于 TSP、0-1 背包问题、资源或车辆调度等问题中,该算法尤其在解决离散空间中的组合优化问题方面有较强的优势。蚁群算法的基本原理是通过模拟大自然界中真实的蚁群进行觅食或者寻找食物的具体过程,利用蚂蚁通过共享一些特殊的信息来确定彼此间的距离、方向等内容的群体行为能力来寻找最优路径。蚁群算法在具体的设计过程中加入了信息素内容,并设计了相应的更新策略,这些蚁群中的蚂蚁被赋予了一些记忆,而且可以对共享的某些信息产生反馈,这种具体的反馈就是单个的蚂蚁通过感知遗留或者设置的路径上的信息素进行相互间的通信,同伴通过这些信息素选择正确的路径。随着该条路径通过的蚂蚁数量不断增加,所产生的信息素也会不断增强,就会吸引更多的蚂蚁选择该路径,从而实现全局最优[271]。蚁群间各个蚂蚁正是通过共享信息素获得了正确路径的反馈信息,但它也存在一些缺点,就是在开始之初,蚂蚁寻找正确的路径的过程会因信息素的匮乏产生盲目寻优的现象,从而造成收敛速度的降低,并且会因为信息素更新不畅陷入局部最优[272]。

该算法早期用于求解对称的 TSP 相关问题,它主要是通过状态转移规则、信息素局部更新规则和信息素全局更新规则来实现对问题的求解。其具体过程为:假设 $C = \{c^1, c^2, \cdots, c^n\}$ n 个城市的集合,$L = \{l_{ij} \, ci, cj \subset C\}$ 是集合 C 中元素(城市)两两连接的集合,d_{ij} ($i, j = 1, 2, \cdots, n$) 表示 l_{ij} 的欧式距离,$G = (C, L)$ 是一个有向图;求解的目的则是从 G 中求出那个 Hamilton 圈的长度最短[273]。

1) 状态转移规则

假设 m 个蚂蚁被放置在不同城市的道路上,每个蚂蚁 k ($k = 1, 2, \cdots, m$) 的具体"觅食路线"是根据信息素的数量决定的。与自然界的蚂蚁群体不一样,蚁群算法在设计过程中根据算法需要通过人工方式将这些蚂蚁设置了记忆的能力。

禁忌表 $tabu_k$ ($k = 1, 2, \cdots, m$) 用于记录蚂蚁 k 执行任务时所经历的每个城市的具体路径情况。在寻优的过程中,不同的蚂蚁会根据遗留下来的信息素情况产生相应的启发,并进行合理的路径转移[274]。$p_{ij}^k(t)$ 表示在 t 时刻蚂蚁 k 由元素 i 转移到元素 j 的转移概率,即

$$p_{ij}^k(t) = \begin{cases} \dfrac{[\tau_{ij}(t)]^\alpha [\eta_{ik}(t)]^\beta}{\sum\limits_{s \in allowed_k} [\tau_{is}(t)]^\alpha [\eta_{is}(t)]^\beta} & , j \in allowed_k \\ \\ 0, & others \end{cases} \quad (5\text{-}16)$$

其中,$allowed_k = \{C\text{-}tabuk\}$ 表示蚂蚁 k 会根据执行任务选择合适的目标城市,蚁群寻优路径的相对重要性用 α 表示,整个配送车辆路径能见度的相对重要性用 β 表示,$\eta_j(t)$ 为启发函数,表示蚁群中的蚂蚁从 i 地域转移到 j 目的地的期望程度[274],即:

$$\eta_j(t) = 1/d_{ij} \quad (5\text{-}17)$$

2) 信息素局部调整规则

局部调整的过程是在蚁群寻优的具体过程中完成的。假设

$\zeta \subset [0,1]$，$l_{\min}$ 表示集合 C 中两个最近目的地间的距离。经过 h 个小时，两个目的地间的信息素数量要根据公式(5-18)与公式(5-19)进行调整，合理的调整有利于提高寻优的效率[273]。

$$\tau_{ij}(t+h) = (1-\zeta)\tau_{ij}(t) + \zeta\tau_0 \tag{5-18}$$

$$\tau_0 = 1/(nl_{\min}) \tag{5-19}$$

3) 信息素全局更新准则

信息素在蚁群寻优的具体过程中非常重要，它是蚁群中不同蚂蚁留下的重要信息，随着信息素量的增多，它处在寻优时发现的最短路径边界就会被增强，该信息素也将会影响到下一个最短路径的开始。也就是说，蚁群中的蚂蚁需要完成 n 个目的地后按照公式(5-20)与公式(5-21)进行全局更新[273]。

$$\tau_{ij}(t+n) = (1-\rho)\tau_{ij}(t) + \rho\Delta\tau_{ij}(t) \tag{5-20}$$

$$\Delta\tau_{ij}(t) = \sum_{k=1}^{m} \Delta\tau_{ij}^k(t) \tag{5-21}$$

其中，ρ 为挥发系数，$\rho \subset [0,1]$；$\Delta\tau_{ij}(t)$ 表示一次寻优循环过程中路径 ij 上的蚁群蚂蚁所释放的信息素的具体数量或增长情况；$\Delta\tau_{ij}^k(t)$ 表示第 k 只蚂蚁作本次循环中留在路径 ij 上的信息素的数量。Dorigo 根据蚁群利用的是否为整体信息，提出了三种不同的蚁群算法模型，分别为 Ant-Cycle System、Ant-Quantity System、Ant-Density System[274]。本研究采用 Ant-Cycle System 作为基本模型来求解物流网络多目标优化问题，具体的计算过程如公式(5-22)所示。

$$\Delta\tau_{ij}^k(t) = \begin{cases} Q/L_k & \text{第 } k \text{ 只蚂蚁在本次循环中经过 } ij \\ 0 & \text{否则} \end{cases} \tag{5-22}$$

5.4.2.2 蚁群算法基本流程

步骤 1：$nc = 0$ 对 $\tau_{ij}(t)$ 和 $\Delta\tau_{ij}^k(t)$ 进行初始化，将 m 个蚂蚁置于 n 个顶点上，nc 为进化代数。

步骤 2：在当前解集中设置蚁群的每个蚂蚁初始出发点，对每个蚂

蚁 $k(k=1,2,\cdots,m)$ 按概率 p_{ij}^k 移至下一个城市 j，将城市 j 置于 $tabu_k(s)$ 中。

步骤 3：经过 n 个时刻，蚂蚁 k 走完所要求的任务点，然后计算其走过的总路径长度 L_k，并更新已经找到的最短路径。

步骤 4：更新每条边上的信息素浓度 $\tau_{ij}(t+n)$。

步骤 5：对各边弧 (i,j)，置 $\Delta\tau_{ij}=0$，$nc=nc+1$。

步骤 6：若 nc 小于预定的进化代数，则转步骤 2。

步骤 7：输出符合条件的满意[273]。

5.4.3　多目标蚁群算法

蚁群算法因具有并行性及正反馈机制等优势，现已被广泛地应用于电力资源调度、物流网络规划、工厂设施布局、港口路径调度等多个领域[275]。在求解多目标优化问题方面，它也可以通过一次求解过程获得多个最优解，但其也存在着一些不足。为了将该算法的优势发挥出来，国内外学者基于该算法提出了不同的改进蚁群算法，主要包括基于分解的多目标 ACO、基于种群的多目标 ACO 和基于 Pareto 最优的 ACO[276]。在这些算法中有一类算法可以结合具体的问题有针对性地构造相应的非支配集，通过该过程去逐渐逼近 Pareto 前沿面，该类算法在求解多目标优化问题方面具有较好的效果，这类算法就基于 Pareto 最优的 ACO。它与 ACO 的区别在于各条路径对应 m 个目标和 m 个信息素，用信息素向量 $\tau_i^m(i,j)$ 表示，$\tau(i,j)=\sum\limits_{m=1}^{M}w_m\tau_i^m(i,j)$。

蚁群中的蚂蚁个体在随机产生的初始化阶段先确定 m 个目标的权重 w_m，其中 $0\leqslant w_m\leqslant 1$，$\sum\limits_{m=1}^{M}w_m=1$；并应用伪随机比例规则进行到下一步，即设定一个常数 q_0，生成一个在 $[0,1]$ 上均匀分布的随机变量 q，如果 $q\leqslant q_0$ 则使用公式（5-23）计算转移概率，否则使用公式（5-24）计算转移概率[276]。

$$p_k(i, j) = \arg \operatorname*{Max}_{j \in L_k(i)} \left\{ \left[\sum_{m=1}^{M} w_m \tau_k^m(i,j) \right]^\alpha \eta_j^\beta \right\} \tag{5-23}$$

$$p_k(i, j) = \begin{cases} \dfrac{\left[\sum\limits_{m=1}^{M} w_m \tau_k^m(i,j) \right]^\alpha \eta_j^\beta}{\sum\limits_{h \in L_k(i)} \left(\left[\sum\limits_{m=1}^{M} w_m \tau_k^m(i,j) \right]^\alpha \eta_j^\beta \right)}, & j \in L_k(i) \\[4mm] 0, & j \notin L_k(i) \end{cases} \tag{5-24}$$

其中，$P_k(i, j)$表示蚁群中的蚂蚁个体k在第i步选择前进路径j的转移概率；$L_k(i)$代表蚂蚁k第i步可以选择的总路径；$\tau_i^m(i, j)$表示蚂蚁k第i步所选择的路径j上对应目标m的信息素向量；$\sum_{m=1}^{M} w_m \tau_k^m(i, j)$表示路径$j$上信息素向量的加权和；$\eta_j$为能见度因子；$\alpha$和$\beta$为两个参数，分别代表蚁群中的蚂蚁个体在寻优过程中所积累的信息素及其他共享信息对路径选择的相对重要性[277]。

每当一只蚂蚁完成一次搜索时，需要进行信息素强度的局部更新。如果路径(i, j)是蚂蚁k所选择的前进路径之一，则按公式(5-25)更新信息素强度：

$$\tau^m(i, j) = (1-\zeta)\tau^m(i, j) + \zeta V \tau^m(i, j) \tag{5-25}$$

公式(5-25)中ζ为常数，且$0 < \zeta < 1$，其中$(1-\zeta)\tau^m(i, j)$代表蚁群中释放共享信息媒介的信息素挥发情况。当所有蚂蚁均完成一次检索时，对于当前最优方案上的路径，按公式(5-26)进行全局信息素更新；对于其他路径，按公式(5-27)进行全局信息素更新，其中ρ为常数，且$0 < \rho < 1$，$(1-\rho)\tau^m(i, j)$代表信息素的挥发。

$$\tau^m(i, j) = (1-\rho)\tau^m(i, j) + \rho V \tau^m(i, j) \tag{5-26}$$

$$\tau^m(i, j) = (1-\rho)\tau^m(i, j) \tag{5-27}$$

在改进后的三类算法中，Pareto蚁群算法在解决复杂问题方面的可行性及有效性较好[276]。本研究在研究带时间窗的生鲜农产品冷链物流网络多目标优化问题时将在Pareto蚁群算法的基础上进行改进，使其与GA算法相结合形成一种新的多目标蚁群算法，充分发挥两种算法的优势,提高求解该类问题算法的有效性。

5.4.4　改进的多目标蚁群算法设计

1) 算法编码

本研究采用实数编码方式,随机生成全客户序号为 n 的随机全排列作为染色体个体,用 n 维向量 $[m_1, m_2, \cdots, m_n]$ 表示,$m_i \in \{1, 2, \cdots, n\}$,其中每个 m_i 对应一个生鲜农产品零售点[276]。用 0 表示备选的冷链物流配送中心,从备选的冷链物流配送中心 0 开始按顺序计算车辆经过每个生鲜农产品零售点的车载量,当车辆量超出车辆容量约束时,返回备选冷链物流配送中心 0,生成第一个子路径。重新从备选冷链物流配送中心 0 出发,车辆到达下一个零售点,重复以上步骤,直到遍历所有 n 维向量中的零售点。假设有 3 个备选冷链物流配送中心,6 个零售点,编号 4 至 9 表示零售点,生成染色体如图 5-1 所示,得到三条子路径分别为:第一条子路径"0-6-4-0",即第一辆生鲜农产品配送车辆从冷链物流配送中心 0 出发,经过零售点 6,再经过零售点 4,最后再回到生鲜农产品冷链物流配送中心 0;第二条子路径"0-8-5-7-0",即第一辆车从冷链物流配送中心 0 开始,先配送零售点 8,然后到零售点 5,再到零售点 7,最后回到出发的冷链物流配送中心 0;第三条子路径"0-9-0",即第一辆车从冷链物流配送中心 0 出发后到达零售点 9 再回到原来的冷链物流配送中心 0。

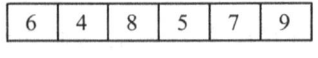

图 5-1　染色体编码示例

结合实际问题为每个子路径选择相应的冷链物流配送中心,首先,对于每个子路径,先分别计算距离每个生鲜农产品零售点最近的备选冷链物流配送中心;其次,给每个备选冷链物流配送中心拥有的最近零售点的数量进行降序排序;最后,所确定的冷链物流配送中心一定是拥有最近零售点最多的那个,然而当配送中心最近零售点数量相同时,随机选择一个冷链物流配送中心。如图5-1中的染色体编码示例,通过分析得出最终的三条子路径分别为:第一条子路径"2-6-4-2",即配送车辆从冷链物流配送中心2出发,然后到达第一个零售点6,再到达第二个生鲜农产品零售点4,最后返回到原生鲜农产品冷链物流配送中心2;第二条子路径"1-8-5-7-1",即配送车辆从冷链物流配送中心1出发后到达生鲜农产品零售点8,再到达生鲜农产品零售点5,最后配送生鲜农产品零售点7后返回原生鲜农产品冷链物流配送中心1;第三条子路径"1-9-1",即配送车辆从冷链物流配送中心1出发后到达生鲜农产品零售点9再返回到冷链物流配送中心1。其中,编号1至3表示冷链物流配送中心。

根据模型中的配送中心容量约束,对染色体的可行性进行判断,如满足条件,计算子路径的行驶距离和行驶时间,如果行驶时间超过时间窗要求,需计算超出时间窗的惩罚成本。如果不满足生鲜农产品冷链物流配送中心容量约束,重新生成染色体。

2) 状态转移规则

每只蚂蚁 k 从 i 点移动到 j 点的节点选择概率如下:

$$p_k(i, j) = \begin{cases} \dfrac{\left[\sum\limits_{m=1}^{M} w_m \tau_k^m(i, j)\right]^\alpha \eta_j^\beta [\gamma_j]^\varepsilon [\omega_j]^\lambda}{\sum\limits_{s \in L_k(i)} \left[\sum\limits_{m=1}^{M} w_m \tau_k^m(i, j)\right]^\alpha \eta_s^\beta [\gamma_s]^\varepsilon [\omega_s]^\lambda}, & q > q_0 \\ \arg\max\limits_{j \in L_k(i)} \left\{\left[\sum\limits_{m=1}^{M} w_m \tau_k^m(i, j)\right]^\alpha \eta_j^\beta [\gamma_j]^\varepsilon [\omega_j]^\lambda\right\}, & q \leqslant q_0 \end{cases} \quad (5-28)$$

其中,γ_j 表示车辆从 i 点到 j 点的到达客户的具体时间与软时间窗上限(客户所能够接受的冷链物流服务最迟开始时间)的时间差,ε 表示时间差的相对重要性;ω_j 表示车辆从 i 点到 j 点后,在 j 点的等待时间;λ 表示等待时间的相对重要性。由公式(5-28)可知,时间差越小、等待时间越短的节点选择概率越大。公式(5-28)中,q 为在[0,1]上服从均匀分布的随机变量,$q_0 \in [0, 1]$ 为用来控制转移规则的参数。令一只蚂蚁从冷链物流配送中心出发,按照上述节点选择概率公式(5-28)依次选择下一访问点 j[275]。

3）信息素的更新

当蚂蚁 k 从节点 i 选中节点 j 后，应该减少边界 (i, j) 的信息素，这样可以增加蚂蚁选择其他节点的概率，按照公式(5-29)对其进行信息素强度的局部更新。

$$\tau^m(i, j) = (1-\zeta)\tau^m(i, j) + \zeta V\tau^m(i, j) \qquad (5-29)$$

其中，ζ 为常数，且 $0 < \zeta < 1$；$(1-\zeta)\tau^m(i, j)$ 代表信息素的挥发；$\Delta\tau^m(i, j) = Q_m/f_m$，$Q_m$ 是信息素大小（通常取常数），f_m 表示第 m 个目标函数值。

当所有蚂蚁均完成一次检索时，按公式(5-26)进行全局信息素更新，其中 $\Delta\tau^m(i, j) = G_m/\min(f_m)$，$G_m$ 是信息素大小（通常取常数），$\min(f_m)$ 表示当前 Pareto 前沿中目标函数 m 的最小值。更新 Pareto 前沿及最优解集的过程为评价当前解，如果是非支配解，则把该解存入 Pareto 最优解集，同时去掉支配解，否则舍去该解[276]。

4）交叉操作

本研究利用 Oguz 等人提出的蚁群算法的交叉操作的运行规律，并结合其所提出的交叉算子 A 对蚁群算法产生的种群进行交叉操作[277]。这里的交叉算子 A 综合了 GA 算法中的部分匹配交叉法（partially matched crossover，PMX）、次序交叉法（order crossover，OX）、循环交叉法（cycle crossover，CX）等传统交叉算子的思想，减少了非合法解的产生，提高了运算效率[278]。

运用交叉算子 A 进行交叉操作，首先，随机选择两个父代染色体，在任一父代染色体中随机选取两个交叉点，将位于这两个交叉点之间的基因取出，其空缺由这些同样的基因按照其在另一个父代染色体出现的顺序补上，从而得到第一个子代个体。然后第二个父代染色体中的空缺由从第一个父代染色体中取出的基因补上，并按照既定的规则进行操作[279]，具体操作过程如图 5-2 所示。

步骤 1：随机选择两个父代染色体父代 1 和父代 2。

步骤 2：随机从一个父代染色体(如父代 1)产生两个随机的交叉点，把这两个交叉点之间的部分作为交叉基因段保存在临时记录 T 中。

步骤 3：从另一个父代染色体(如父代 2)中找出和记录 T 中相同的基因，用其中的基因序列替换先前父代 1 记录 T 中的待交叉片段，之后可以得到子代 1。

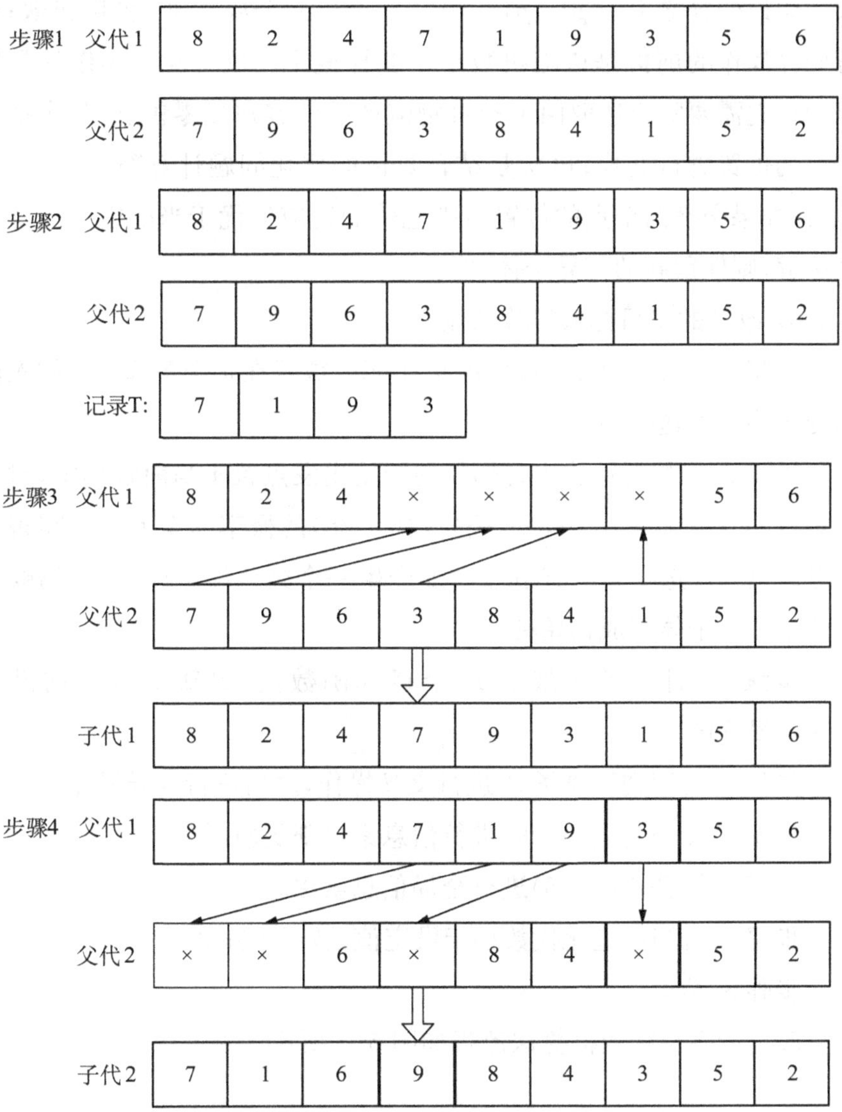

步骤1	父代 1	8	2	4	7	1	9	3	5	6
	父代 2	7	9	6	3	8	4	1	5	2
步骤2	父代 1	8	2	4	7	1	9	3	5	6
	父代 2	7	9	6	3	8	4	1	5	2
	记录T:	7	1	9	3					
步骤3	父代 1	8	2	4	×	×	×	×	5	6
	父代 2	7	9	6	3	8	4	1	5	2
	子代 1	8	2	4	7	9	3	1	5	6
步骤4	父代 1	8	2	4	7	1	9	3	5	6
	父代 2	×	×	6	×	8	4	×	5	2
	子代 2	7	1	6	9	8	4	3	5	2

图 5-2 交叉操作示例图

步骤4:将父代1中被替换的基因段(该信息记录在T中)按原有顺序替换到父代2中得到子代2。

5)变异操作

变异操作是一种可以防止算法出现"早熟现象"的重要举措,通过该操作还可以提高相应算法的局部搜索能力,从而优化全局搜索的效果。假设变异概率为p1,p1∈(0,1),产生一个从0到1的随机数;进行变异操作的前提是该随机数小于变异概率。执行变异操作的具体过程首先需要随机选取两个冷链物流产品的客户或零售点;其次把两个点的位置进行交换;再次是结合具体的优化问题计算新的适应值;最后,如果交换两个点的位置后染色体的适应值优于当前染色体且为合法解,则保留新的变异个体[276]。

6)改进的多目标蚁群算法流程

步骤1:初始化控制参数,将m个蚂蚁放置在n个备选的生鲜农产品冷链物流配送中心上。

步骤2:将蚁群算法中各蚂蚁的初始出发点置于当前解集中,对每个蚂蚁k($k=1,2,\cdots,m$)按公式(5-28)的概率移至下一个零售点j;当每只蚂蚁选择完所有节点后即产生一个染色体个体,所有蚂蚁产生的染色体个体形成初始种群。

步骤3:计算各蚂蚁的m个目标函数值,更新Pareto前沿及Pareto最优解集。

步骤4:运用交叉算子A进行交叉操作,之后进行变异操作。

步骤5:按照公式(5-29)进行信息素局部更新。

步骤6:按公式(5-26)进行全局信息素更新。

步骤7:若当前进化代数小于设定值,转至步骤2。

步骤8:结束。

改进的多目标蚁群算法流程如图5-3所示。

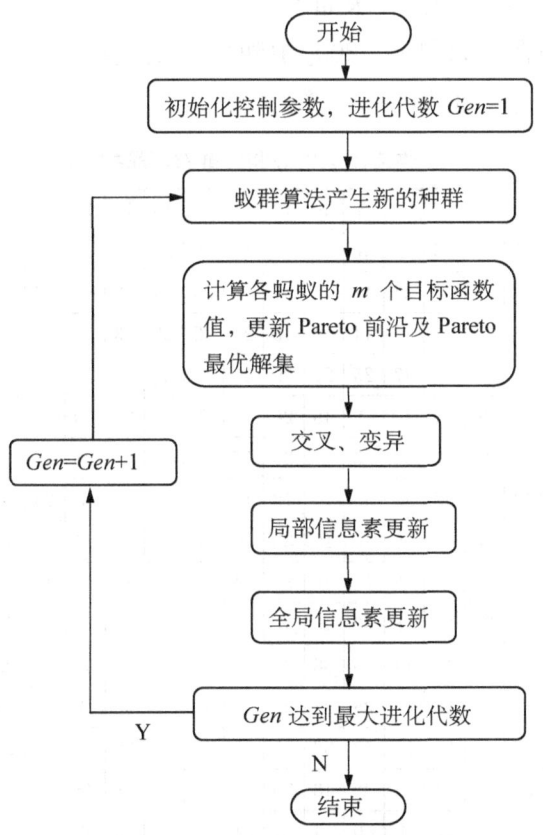

图 5-3　改进的多目标蚁群算法流程

5.5　仿真实验

目前,对于生鲜农产品 LRIPTW 尚未有标准的验证数据,为验证模型和算例的可行性及有效性,本研究以上海某冷链物流企业提供的数据为基础,并参考实际情况对部分参数进行假设。该冷链物流企业向上海市各个区配送生鲜农产品,有 3 个备选冷链物流配送中心,需要选定生鲜农产品冷链物流配送中心以满足 18 个门店超市(零售点)的配送需求。该冷链物流配送中心和生鲜农产品零售点的距离如表 5-1 所示,其中编号 1～3 处为备选冷链物流配送中心,编号 4～21 处为零售点,各零售点的时间窗要求如表5-2所示。各冷链物流配送中心的固定建设费用在区间[100,200]中随机生成,违反时间窗的惩罚系数为5,其他相关参数值如表5-3所示。

表5-1　冷链物流配送中心和生鲜农产品零售点的距离

距离	1	2	3	4	5	6	7	8	9	10	11	12	13	14	15	16	17	18	19	20	21
1	0	45	51	41	54	35	5	8	34	5	13	16	31	46	29	27	22	8	23	11	46
2	45	0	47	52	17	16	24	11	4	54	18	35	14	42	10	26	12	58	34	25	25
3	51	47	0	56	44	38	16	14	14	45	28	42	27	53	57	48	29	10	15	6	6
4	41	52	56	0	44	40	47	25	21	29	14	13	37	52	42	5	20	2	17	35	16
5	54	17	44	44	0	44	26	3	1	26	49	7	23	20	30	8	56	33	30	28	9
6	35	16	38	40	44	0	53	53	1	26	12	18	23	41	28	11	54	52	16	41	17
7	5	24	16	47	26	53	0	55	3	18	14	19	22	12	4	23	4	39	48	41	26
8	8	11	14	25	3	53	55	0	10	30	10	25	58	2	40	49	43	12	57	38	31
9	34	4	14	21	1	1	3	10	0	43	26	27	32	18	44	11	40	11	22	37	46
10	5	54	45	29	26	26	18	30	43	0	26	5	52	30	5	4	25	27	20	4	51
11	13	18	28	14	49	12	10	38	26	26	0	16	53	28	31	24	32	57	34	19	31
12	16	35	42	13	7	18	19	25	27	5	16	0	47	53	6	31	55	10	7	31	55
13	31	14	27	37	23	23	22	58	32	52	53	47	0	36	48	25	25	50	53	38	37
14	46	42	53	52	20	41	12	2	18	30	28	53	36	0	48	39	58	38	52	24	56
15	29	10	57	42	30	28	4	40	44	5	31	6	48	48	0	37	18	22	48	48	14
16	27	26	48	5	8	11	23	49	11	4	24	31	25	39	37	0	41	12	16	42	40
17	22	12	29	20	56	54	43	40	40	25	32	55	25	58	18	41	0	25	35	57	17
18	8	58	10	2	33	52	39	12	11	27	57	10	50	38	22	12	25	0	2	31	39
19	23	34	15	17	30	16	48	57	22	20	34	7	53	52	48	16	35	2	0	19	41
20	11	25	6	35	28	41	41	38	37	4	19	31	38	24	48	42	57	31	19	0	4
21	46	25	6	16	9	17	26	31	46	51	31	55	37	56	14	40	17	39	41	4	0

表5-2　各零售点的时间窗要求

零售点	4	5	6	7	8	9	10	11	12
时间窗	(20,45]	(15,55]	(10,40]	(15,60]	(45,95]	(18,50]	(50,105]	(55,96]	(15,55]
零售点	13	14	15	16	17	18	19	20	21
时间窗	(65,120]	(50,100]	(55,120]	(60,120]	(20,50]	(25,60]	(20,55]	(65,100]	(20,60]

表5-3 相关参数值

参数	含义	值
σ_j^2	需求方差	20
h_i	冷链物流 DC_i 的单位生鲜农产品库存持有成本	0.5 元/千克
O_i	冷链物流 DC_i 向生鲜农产品生产基地订货的订货成本	20 元/次
L_i	DC_i 的订货提前期	7
α_0	冷链物流配送中心的服务水平	97.5%
θ	运输途中生鲜农产品的腐败速率系数	0.05
P	运输生鲜农产品的单位价值	5 元
V_i	生鲜农产品生产基地到 DC_i 的平均运输速率	40 千米/小时
V_{gj}	节点 g 到节点 j 的平均运输速率	40 千米/小时
p_t	单位生鲜农产品单位距离的运费	0.03 元/千克/千米
N_i	冷链物流配送中心 DC_i 的最大容量	1 400 千克
b	冷链物流车辆的最大运载能力	700 千克

算法的参数如下：$\alpha=1$，$\beta=5$，$\varepsilon=2$，$\lambda=3$，$\rho=0.1$，$\zeta=100$，$q_0=0.7$；最大进化代数 $MAXGEN=150$，交叉概率为 0.9，变异概率为 0.1。该算法用 Matlab R2014b 实现，在配置为 Intel（R）core（TM）i7-4610M 3.00GHz CPU、8GB 内存、Windows7 操作系统的笔记本电脑上进行仿真实验。实验算例运行结果如表5-4所示，冷链物流配送中心分别在 1、2、3 点建立，优化结果中共有 5 条车辆运输路线。从冷链物流配送中心 1 出发的两条路线，违反时间窗的惩罚成本为 126 元，相比其他路线较高，但是其运输成本较小，为 638 元；从冷链物流配送中心 3 出发的两条路线，违反时间窗的惩罚成本为 62 元，小于从冷链物流配送中心 1 出发路线的惩罚成本，但是其运输成本较大，为 703 元；从冷链物流配送中心 2 出发的只有一条路线，其违反时间窗的惩罚成本为 16 元，运输成本为 348 元。该生鲜农产品冷链企业的总选址成本共计 492 元，运输成本共计 1 689 元，库存成本共计 319 元，违反时间窗的惩罚成本共计 204 元，总成本为 2 704 元。

表5-4 算例运行结果　　　　　　　金额单位：元

配送中心	配送路线	选址成本	库存成本	运输成本	惩罚成本	总成本
1	1-7-9-6-11-1 1-10-16-5-12-1	192	124	638	126	1 080

（续表）

配送中心	配送路线	选址成本	库存成本	运输成本	惩罚成本	总成本
2	2-17-21-20-2	190	79	348	16	633
3	3-18-4-19-3 3-8-14-15-3	110	116	703	62	991

　　生鲜农产品冷链物流网络 LRIPTW 集成多目标优化问题模型所优化的四个目标和总成本的最优值随进化代数变化的过程如图 5-4 至图 5-8 所示。根据优化结果可以发现，该冷链物流的成本随着进化代数的增加，保持总体下降的趋势，这说明运用改进的多目标蚁群算法可以较好地解决该类问题多个目标同时优化的问题。在图 5-5 与图 5-6 中，当算法的进化代数在 5 代至 30 代之间时，冷链物流的选址成本和库存成本的最优值均出现了较大的波动，这也表明了改进的多目标蚁群算法在寻求多目标函数全局最优解时，会偶尔以某一个目标函数的增大作为代价；任何一个成本的减少都会引起其他成本的增加，因此对于该类问题的求解不存在一个可以使得多个目标值同时达到最优的唯一解，而是形成了一个可以反映企业发展实际情况及冷链物流多目标优化现实需要的 Pareto 最优解集。所以生鲜农产品冷链物流相关企业应该以发展的实际情况、客户的现实需求及车辆交通情况等为依据，从多种优化方案中选择一个最合适的方案。

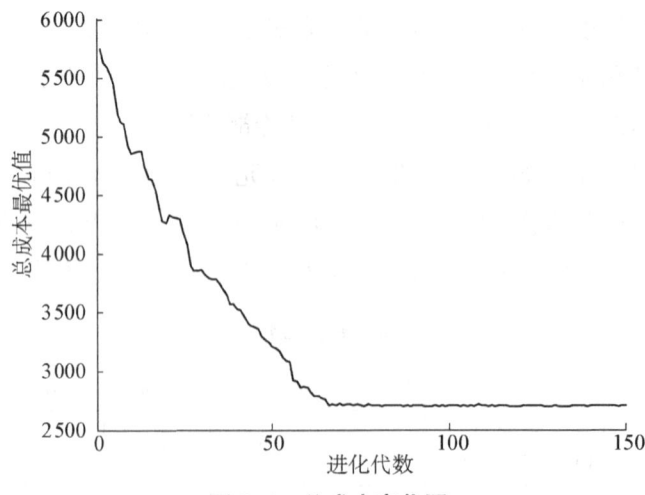

图 5-4　总成本变化图

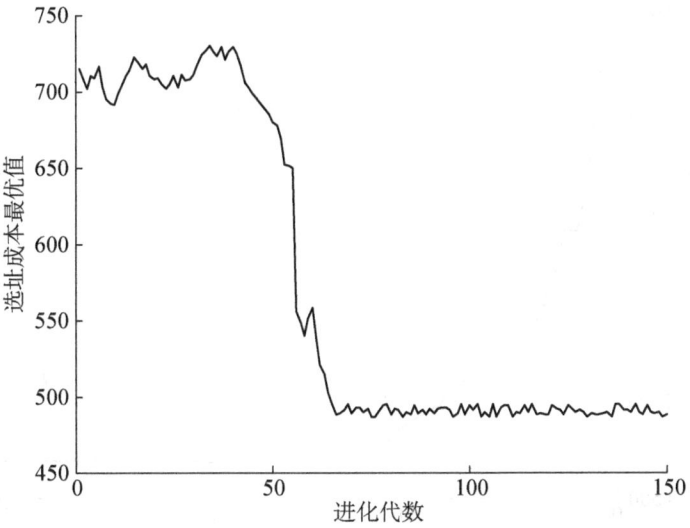

图 5-5　选址成本变化图

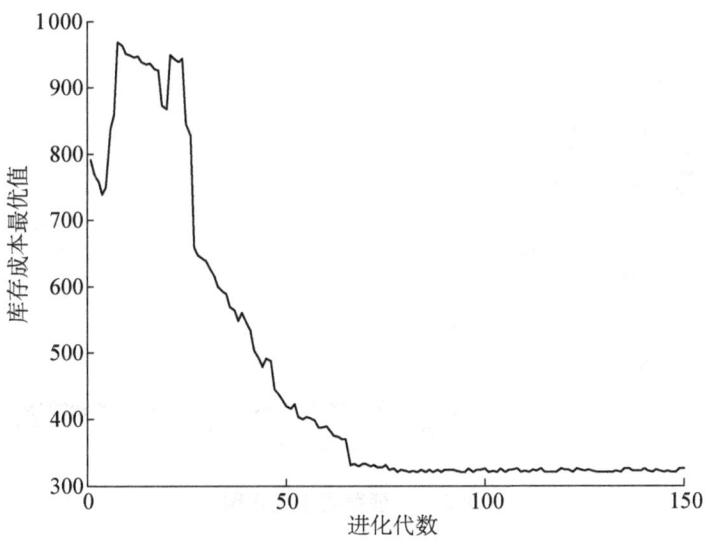

图 5-6　库存成本变化图

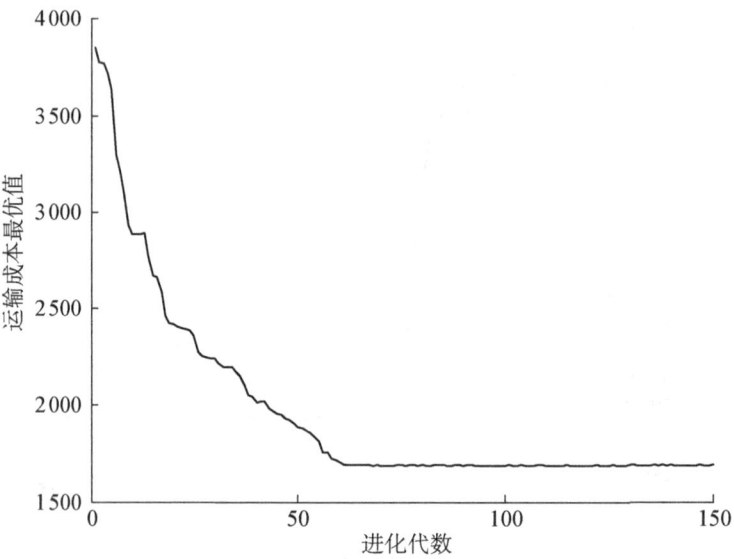

图 5-7　运输成本变化图

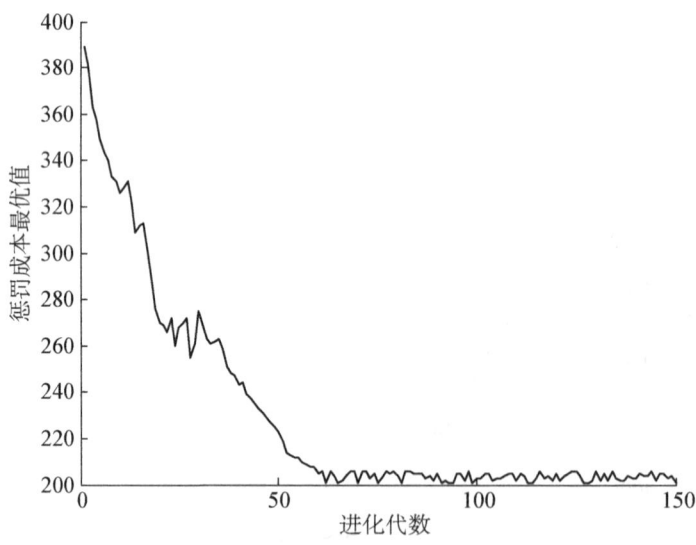

图 5-8　惩罚成本变化图

为了验证所提出的改进的多目标蚁群算法的可行性及有效性,本研究将其与 Pareto 多目标蚁群算法进行对比分析,将两种算法设置了相同的参数,应用相同的冷链企业数据,对它们的最优值随进化代数的变化情况进行系统的分析。对比分析的具体结果如图 5-9 所示,改进多目标蚁群算法的最优值整体小于 Pareto 多目标蚁群算法,并且改进的多目标蚁群算法最优值在 65 代左右收敛到最优值,而 Pareto 多目标蚁群算法的最优值在 130 代左右收敛到最优值,这说明改进多目标蚁群算法在解决本模型的多目标优化问题中具有较好的效果。

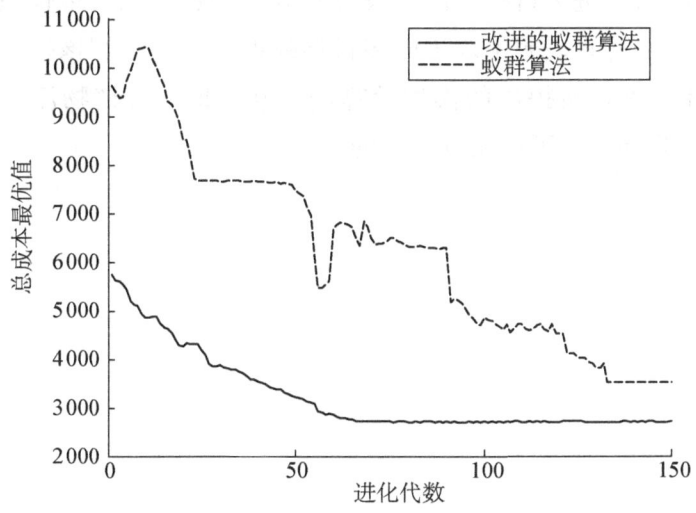

图 5-9　总成本最优值对比图

5.6　本 章 小 结

　　首先,考虑了生鲜农产品冷链物流服务过程中客户对时间窗的需求,将违反客户时间窗的惩罚成本引入冷链物流网络集成多目标优化问题中,通过分析软时间窗的约束,建立了带软时间窗的生鲜农产品冷链物流网络 LRIP 集成多目标优化问题模型。该模型结合企业发展的实际需求从系统的角度出发对冷链物流网络进行优化,有效地解决了提高客户服务满意度及降低物流总成本等问题。其次,由于该模型涉及四个优化目标和多个约束条件,本研究以经典的解决离散优化问题的蚁群算法为基础,设计了改进的多目标蚁群算法,用于解决本研究的多目标优化问题模型。根据本模型的特点,改进的多目标蚁群算法将 Pareto 多目标蚁群算法与遗传算法相混合,改进了蚂蚁状态转移规则,改善了个体分布的均匀性,防止了算法陷入局部收敛;同时参考遗传算法的基本思想引入了交叉算子 A 以增加种群分布的多样性,从而提高了算法的全局搜索能力。最后,本章分析了考虑时间窗的冷链企业总成本的情况,对各个分成本与总成本随进化代数变化的情况进行了说明,将改进多目标蚁群算法与 Pareto 蚁群算法的最优值进行对比,通过实例仿真表明了改进的多目标蚁群算法对求解该模型具有较好的效果。本章所提出的模型及算法为新时期的冷链物流企业解决多目标优化问提供了更贴近实际的方法。

6 考虑碳排放的生鲜农产品冷链物流集成优化问题

6.1 引 言

近年来,随着物流业的迅猛发展及急速扩张,物流业已经成为能源消耗及碳排放较多的产业之一[279]。我国学者李宏齐等人针对物流业二氧化碳排放高的问题,研究了我国物流服务中车辆运输产生的碳排放情况,他们指出我国交通运输产生的 CO_2 排放量 1985 年为 9 283 万吨,到 2007 年已经增长为 54 726 万吨,增长率达到 489%,并且近年来还在持续增长[280]。如何在优化经济成本的同时兼顾环境成本,减少二氧化碳排放量,已经成为世界各国物流界关注的热点问题。我国在《物流业发展中长期规划(2014—2020)》及 2016 年国家发展和改革委员会出台的《农产品冷链物流发展规划》中明确指出要加大绿色冷链物流业的发展。在冷链物流管理中,由于生鲜农产品从采收到消费所处的低温环境必须要有冷柜、冷库、制冰机、中央空调、冷藏车等冷链设备的低温保障才可以维持其相应的质量安全及品质,这在一定程度上会增加对能源的消耗,碳排放量也会随之增加。尤其是在生鲜农产品的配送环节,冷藏车的碳排放与车辆的行驶路径、速度、驾驶员的习惯、旅行时间等都有着直接的联系[281]。因此,在这样的背景下将碳排放问题纳入生鲜农产品冷链物流网络优化进行研究就具有很强的实际应用背景。国内外学者们针对此类问题的研究取得了一些成果,如国外学者 Elhedhli 与 Merrick 研究了物流服务中配送车辆车速、车辆重量、发动机类型、驾驶员习惯、行驶路径等对碳排放的影响,他们把这些因素整合为了相应的目标函数,以此为基础构建了数学模型,并设计改进了启发式算法对其进行求解[281];Xiao 等人则研究了物流配送过程中车载货物重量与二氧化碳排放之间的关系,构建了非线性整数规划模型,应用了混合算法对模型进行了求解[282];Bektas 与 Laporte 构建了一个混合整数非线性规划模型来研究碳排放、油耗及旅行时间之间的关系[283]。Ballot 与 Fontane 针对法国的物流网络进行了研究,他们认为通过共享供应网络可以降低 25% 的碳排放量[284];Figliozzi 通过研究也认为政府部门需要通过优化配中心选址及车辆速度来降低碳排放[285]。国内学者李进研究了考虑车载量、车辆数对碳排放影响的问题,构建了一个具有固定数量的多车型 VRP 优化模型,并改进了一种禁忌搜索算法对模型进行了求解[286];之后他又研究了碳交易机制下的 VRP 优化模型,探讨了碳交易、碳价格及碳排放配额对物流配送路径、碳排放量及总成本的影响[287];在此基础上他针对 VRPTW,加入了通过优化车速降低碳排放的策略,构建了基于碳排放与速度优化的带时间窗车辆路径问题优化模型[288];同时他又研究了针对模糊环境下的多级低碳物流网络的定位及配置问题,并建立了基于可信性的多目标模糊数学规划模型[289];通过上述研究他认为对物流网络进行科学的优化设计是未来控制碳排放的重要途径之一。许茂增等人针对此类问题提出了"油耗成本—碳排放成本—固定使用成本模型",并在此基础上引入了车辆折旧成本、司机工资支出及车辆轮胎消耗成本,针对这些综合成本构建了车辆调度模型,并设计了一种新的混合遗传算法对模型进行了求解[290];吴义生与白少布研究了面向网购的低碳供应链网络设计问题,他们认为在物流网络设计中结合网购因素进行配送中心选址,不仅可以降低成本,还可以有效降低碳排放量[291];赵泉午与杨茜研究了物流网络中的低碳选址优化问题,构建了考虑碳排放量及物流成本的双目标整数规划模型,采用分支定界法对模型进行了求解,并提出通过优化物流中心的选址、车辆类型、车辆速度等措施可以实现低碳物流[292];康凯等人在易变质产品供应链经济生产量(economic production quantity, EPQ)模型基础上,研究了碳排放配额与交易机制下的易变质产品的库存问题,构建了相应的数学模型,并通过算例验证了模型的有效性[293];杨珺与卢巍研究了多容量等级的LRP,并构建了低碳多容量等级的配送中心选址模型,他们认为低碳排放企业选址呈现为大型集中式结构,企业应该根据自己的经营情况选择不同的碳排放政策,从而制定更符合实际的减排策略[294]。

通过以上梳理可以发现,关于低碳物流网络的设计主要包括基于物流配送或设施选址的角度、物流运营的角度、结合电子商务或消费者的角度来考虑物流网络设计;研究范围是由点到线再到面的发展过程;研究的背景则越来越接近物流企业运营的实际情况。上述相关研究主要涉及物流网络中的单个环节问题或两两结合的问题,而将碳排放与选址、库存及配送三个环节的多目标问题进行综合考虑的研究较少。由于冷链物流企业存在着一定的特殊性,它的碳排放分布在物流网络的各个环节中,如果只是去优化某个环节的问题,就不能系统地反映企业发展的实际需求。现实情况中我国的碳排放政策也存在着一些差异,如强制碳排放、碳税、碳交易机制、碳补偿等,各低碳政策引导下的企业碳排放策略各不相同,企业为了更好地发展,需要结合具体政策进行系统性的研究[294]。如唐金环等人针对低碳供应链的产供销一体化LRIP多目标优化问题进行了研究,引入碳排放配额差值构建了相应的非线性整数规划模型,以减少碳排放和成本为双目标进行同时优化,设计了一种组合优化算法对模型进行了求解[135];之后他们又考虑了顾客有限"碳行为"偏好的LIRP多目标优化问题,并引入环保度系数作为碳排放量的特征向量,构建了相应的LIRP多目标优化问题模型[136]。戴守峰等人则针对此类问题将限速和拥堵因素嵌入了以上模型中,为了方便求解,他们将模型进行改进,使用标准化正规化(NNC)求解和优化Pareto解集[295];杨珺与卢巍通过对比四种碳排放政策对物流减排的效果后,发现碳交易机制的效果最好,研究结果表明在碳交易机制下,如果企业运作得当不仅可以降低碳排放,还可以通过减排获得更多的收益[294]。虽然现有文献已经开始关注不同碳排放政策下的LRIP多目标优化问题,但并没有区分不同地域或领域企业的异同之处,尤其缺少对冷链物流企业相关问题的研究。针对此类问题本章将碳交易引入 LRIP 多目标优化问题模型中,针对冷链物流企业高耗能的特点,构建碳交易机制下的生鲜农产品冷链物流 LRIP 多目标优化问题模型,并设计一种改进后的 NSGA-Ⅱ 算法对该混合整数非线性规划模型进行求解。

6.2 考虑碳排放的生鲜农产品冷链物流集成优化问题描述及模型假设条件

6.2.1 考虑碳排放的生鲜农产品冷链物流集成优化问题描述

本章节研究的生鲜农产品冷链物流网络优化中考虑碳排放交易的 LRIP 集成多目标优化问题可以描述为:问题之一是由一个生鲜农产品冷链物流配送中心为客户配送货物,该配送中心在选择时要考虑到冷链物流网络中的库存及车辆路径问题,使其最为合适;问题之二是在满足客户需求、车载重量及配送中心要求的限制下,综合考虑生鲜农产品的订货量、库存量及相应的成本问题;问题之三是生鲜农产品的配送车辆需要根据客户的需求合理安排车辆类型,并需要根据客户的配送范围及先后顺序,制定最优的车辆配送路径。在这个过程中不仅要考虑到降低物流的总成本,还需要减少碳排放量,通过对生产基地、配送中心、零售点的 LRIP 进行科学决策,给出同时考虑环境因素与经济因素的冷链物流网络 LRIP 集成多目标优化问题的优化方案。

6.2.2 考虑碳排放的生鲜农产品冷链物流集成优化问题模型假设条件

(1) 每个生鲜农产品的零售点只有一个冷链物流配送中心提供产品的配送服务。

(2) 生鲜农产品的零售点或客户需求服从随机性分布。

（3）每条冷链物流车辆的巡回路径仅由一台车辆提供服务，且路径起讫点都相同。

（4）配送所使用的冷链物流车辆及车型相同，且载重量也相等。

（5）不考虑生鲜农产品在产地的损耗。

（6）配送过程中温度符合生鲜农产品质量安全要求，并在不考虑其他影响因素的条件下，假设配送时生鲜产品的腐坏率是恒定的。

（7）当企业实际产生的碳排放超过碳排放配额时，企业需要从市场上购买等量的碳排放额度；而当企业实际碳排放低于碳排放配额时，企业将会把剩余的碳排放额度出售，即不存在碳排放额度闲置的情况。

6.3 考虑碳排放的生鲜农产品冷链物流集成优化问题模型构建

6.3.1 模型参数与决策变量

1）模型参数

本章节模型构建中部分符号代表含义如表 4-1 所示。其他符号代表含义如表 6-1 所示。

表 6-1 考虑碳排放的冷链 LRIP 模型中各符号代表含义

符号	含义描述
λ_i	生鲜农产品冷链物流配送中心 DC_i 的碳排放系数
β_i	生鲜农产品生产基地到冷链物流配送中心 DC_i 的单位产品单位距离的碳排放系数
β_{gj}	节点 g 到节点 j 的单位产品单位距离的碳排放系数
γ_i	冷链物流配送中心 DC_i 单位库存的碳排放系数
e^+	冷链物流企业买入的碳排放量
e^-	冷链物流企业卖出的碳排放量
L	碳排放配额
δ	碳交易价格

2) 决策变量

X_i 代表从生鲜农产品生产基地到冷链物流 DC_i 运输的产品数量。

Y_{ij} 代表从 DC_i 到零售点 j 运输的生鲜农产品数量。

$$U_i = \begin{cases} 1 & \text{如果 } i \text{ 被选作 } DC \\ 0 & \text{否则} \end{cases} \quad i \in I$$

$$RR_{ij} = \begin{cases} 1 & \text{如果零售点 } j \text{ 的需求由 } DC_i \text{ 来满足} \\ 0 & \text{否则} \end{cases} \quad i \in I, j \in J$$

$$q_{gjk} = \begin{cases} 1 & \text{如果车辆 } k \text{ 从节点 } g \text{ 开到节点 } j \quad \forall g \in (I \cup J), j \in J, \\ 0 & \text{否则} & k \in K \end{cases}$$

6.3.2 碳成本核算

1) 碳排放量

一个完整的生鲜农产品冷链物流由低温加工、包装、预冷、低温储存、低温配送、冷藏冷冻销售等构成,其中每个环节都会产生一定量的碳。本研究所建立的生鲜农产品冷链物流两级分销网络系统,其碳排放量主要产生于生鲜农产品冷链配送中心选址、库存和运输的过程中。由于整个冷链物流服务过程中的设施数量、能源消耗情况、客户路径、车辆类型及数量等较复杂,在客观环境中精确地计算二氧化碳总量非常繁琐,因此,常用碳排放系数来表示物流环节的碳排放量,它也成为物流环节量化二氧化碳总量的"中介"[296]。该碳排放系数一般情况下是指物流配送及运输环境的单位碳排放量,但越来越多的学者也将其用于物流设施选址、库存及生产等环节的碳排放量核算。本研究中的碳排放系数是指生鲜农产品冷链配送中心选址、冷链运输和冷链库存的单位碳排放量[293]。

(1) 冷链配送中心选址碳排放量:冷链物流中的选址碳排放主要来源于建造和运营配送中心 DC_i 所产生的碳排放量,受到选址设施建设、维护及使用等过程产生的能量消耗影响。冷链配送中心碳排放量 $CE_L = \sum\limits_{i \in I} \lambda_i U_i$,其中 λ_i 为配送中心 DC_i 的碳排放系数。

（2）冷链运输碳排放量：冷链运输过程中产生的碳排放主要与运输距离和载货重量相关[296]，本研究模型中运输碳排放来源于生鲜农产品生产基地到冷链物流配送中心与该配送中心到生鲜农产品零售点两个环节。从生鲜农产品生产基地到配送中心 DC_i 的运输碳排放量 $CE_{R1} = \sum\limits_{i \in I} \beta_i X_i d_i U_i$，从节点 g 到节点 j 的运输碳排放量 $CE_{R2} = \sum\limits_{k \in K} \sum\limits_{g \in (I \cup J)} \sum\limits_{j \in J} \beta_{gj} Y_{gj} d_{gj} q_{gjk}$。其中，$\beta_i$ 为生鲜农产品生产基地到配送中心 DC_i 的单位产品单位距离的碳排放系数，β_{gj} 为节点 g 到节点 j 的单位产品单位距离的碳排放系数。

（3）冷链库存碳排放量：冷链库存中碳排放主要来源于存储原材料、产成品以及维持其品质所产生的排放量，库存产生的碳排放量为 $CE_I = \sum\limits_{i \in I} \gamma_i \left(Q_i/2 + z_\alpha \sqrt{L_i \sum\limits_{j \in J} \sigma_j^2 RR_{ij}} \right)$，其中 γ_i 为冷链物流配送中心 DC_i 单位库存的碳排放系数。

2）碳交易成本

碳交易作为控制碳排放的一种方式，是全球市场中通用的一类减少碳排放量的重要机制，目的是协调不同企业间的碳排放情况，变被动为主动的市场交易行为。它作为一种商品，可以被不同企业在专业的碳排放交易机构进行买卖，这些专业机构分布在全球各地，尤其是《京东议定书》与《马拉喀什协议》的签订，促使全球各地建立了相应的二氧化碳排放权交易所，如欧盟排放权交易所（EUETS）、美国芝加哥气候交易所（CCX）、英国排放权交易所（UKETG）、澳洲气候交易所（ACX）等，其中欧洲的二氧化碳市场比较成熟[294]。我国主要有七家二氧化碳排放交易所，分别是天津排放权交易所、广州碳排放权交易所、北京环境交易所、深圳碳排放权交易所、上海环境能源交易所、湖北碳排放权交易所及重庆碳排放权交易所，但是我国七个交易平台尚未形成全国性的统一交易机制，其中自愿减排交易行为较少。这种碳排放交易权规定不同类型的企业在一定年限内有定量的碳排放额度，如果企业本周期内使用完了规定额度，则需要通过上述机构进行购买，这在一定程度上会增加企业的成本；反之，则可以通过减低碳排放额度,把多余的额度在碳排放交易所卖出去,从而降低企业的成本,实现减排和盈利的"双赢"[293]。碳排放交易机制的出现为企业减排提供了良性发展的平台,促使企业重新核算碳排放成本,有利于提高企业减排的可持续发展。在国家建设"资源节约型,环境友好型"社会的大背景下,企业要根据自身情况及相关政策规定,提出切合实际的优化策略。随着碳交易市场的逐步发展,研究碳交易机制将会成为我国实施"节能减排"的重要举措。因此,本章节将碳交易机制引入多目标模型中,考虑碳交易机制下企业如何优化碳排放成本。假设 L 为碳排放配额,δ 为碳交易价格,e^+ 为企业买入的碳排放量,e^- 为企业卖出的碳排放量,碳排放交易成本为 $\delta(CE_L+CE_{R1}+CE_{R2}+CE_I-L)$。其中,企业产生的碳排放与卖出碳排放之和应该与碳排放配额与买入碳排放之和相等,即 $CE_L+CE_{R1}+CE_{R2}+CE_I+e^--e^+=L$。

6.3.3 考虑碳排放的生鲜农产品冷链物流集成多目标优化问题模型

与其他商品物流比较,生鲜农产品物流对温度的要求较高,这会直接增加冷链物流配送过程中的能源消耗;为了降低碳排放交易成本,冷链物流企业需要减少能耗,同时考虑以上因素进行综合决策,以更符合冷链物流企业发展的实际情况。本模型的成本构成主要包括选址成本、车辆运输成本、库存成本及碳交易成本。

1) 选址成本

冷链物流配送中心的固定建设费用为 $\sum_{i\in I}f_iU_i$。

2) 车辆运输成本

从生鲜农产品生产基地到冷链物流配送中心的运输成本为 $\sum_{i\in I}p_tX_id_iU_i$,从该配送中心到生鲜农产品零售点的运输成本为 $\sum_{k\in K}\sum_{g\in(I\cup J)}\sum_{j\in J}p_tY_{gj}d_{gj}q_{gjk}$。冷链运输的生鲜农产品具有易腐性,因此运输中会产生货损成本,以初始装运时完好商品数量 $W_{ij}(0)$ 为标准计算运输费用,假设生鲜农产品以恒定速率腐败,则有腐败微分方程 $dw_{ij}(t)/d_t = -\theta w_{ij}(0)$,可知 $w_{ij}(T) = x_{ij}e^{-\theta s_{ij}/v_{ij}}$,因此从生鲜农产品生产基地到冷链物流配送中心的货损成本为 $\sum_{i \in I} p X_i (1 - e^{-\theta d_i/v_i})$,从该配送中心到零售点的货损成本为 $\sum_{k \in K} \sum_{g \in (I \cup J)} \sum_{j \in J} p Y_{gj}(1 - e^{-\theta d_{gj}/v_{gi}})q_{gjk}$,车辆运输总成本为 $p_t(\sum_{i \in I} X_i d_i U_i + \sum_{k \in K} \sum_{g \in (I \cup J)} \sum_{j \in J} Y_{gj} d_{gj} q_{gjk}) + p[\sum_{i \in I} X_i(1 - e^{-\theta d_i/v_i}) + \sum_{k \in K} \sum_{g \in (I \cup J)} \sum_{j \in J} Y_{gj}(1 - e^{-\theta d_{gj}/v_{gi}})q_{gjk}]$。

3)库存成本

订货成本为 $\sum_{i \in I} \sum_{j \in J} O_i D_j RR_{ij}/Q_i$,存货成本为 $\sum_{i \in I} h_i Q_i/2$。假设各个零售点的需求相互独立,且服从标准正态分布,期望为 u_j,方差为 σ_j^2,则配送中心 DC_i 在定货提前期 L_i 的需求量即安全库存点为 $L_i \sum_{j \in J} \sigma_j^2 RR_{ij}$,配送中心的订货点为 $z_\alpha \sqrt{L_i \sum_{j \in J} \sigma_j^2 RR_{ij}}$,相应的安全库存成本为 $h_i z_\alpha \sqrt{L_i \sum_{j \in J} \sigma_j^2 RR_{ij}}$,其中 z_α 表示在标准正态随机变量 Z 之外的比例,$P(Z \leqslant z_\alpha) = \alpha$,$\alpha$ 为配送中心的服务水平。总库存成本为 $\sum_{i \in I}(O_i \sum_{j \in J} D_j RR_{ij}/Q_i + h_i Q_i/2 + h_i z_\alpha \sqrt{L_i \sum_{j \in J} \sigma_j^2 RR_{ij}})$。

4)碳交易成本

配送中心 DC_i 的选址碳排放量 $CE_L = \sum_{i \in I} \lambda_i U_i$,从生产基地到配送中心 DC_i 的运输碳排放量 $CE_{R1} = \sum_{i \in I} \beta_i X_i d_i U_i$,从节点 g 到节点 j 的运输碳排放量 $CE_{R2} = \sum_{k \in K} \sum_{g \in (I \cup J)} \sum_{j \in J} \beta_{gj} Y_{gj} d_{gj} q_{gjk}$,库存产生的碳排放量 $CE_I = \sum_{i \in I} \gamma_i (Q_i/2 + z_\alpha \sqrt{L_i \sum_{j \in J} \sigma_j^2 RR_{ij}})$,碳排放交易成本为 $\delta(CE_L + CE_{R1} + CE_{R2} + CE_I - L)$。

根据以上分析,我们构建一个混合整数非线性规划的数学模型,目标函数的公式如下:

$$\min Z_1 = \sum_{i \in I} f_i U_i \tag{6-1}$$

$$\min Z_2 = p_t \Big(\sum_{i \in I} X_i d_i U_i + \sum_{k \in K} \sum_{g \in (I \cup J)} \sum_{j \in J} Y_{gj} d_{gj} q_{gjk} \Big)$$
$$+ p \Big[\sum_{i \in I} X_i (1 - e^{-\theta d_i / v_i})$$
$$+ \sum_{k \in K} \sum_{g \in (I \cup J)} \sum_{j \in J} Y_{gj} (1 - e^{-\theta d_{gi} / v_{gi}}) q_{gjk} \Big] \tag{6-2}$$

$$\min Z_3 = \sum_{i \in I} \Big(O_i \sum_{j \in J} D_j RR_{ij} / Q_i + h_i Q_i / 2$$
$$+ h_i z_\alpha \sqrt{L_i \sum_{j \in J} \sigma_j^2 RR_{ij}} \Big) \tag{6-3}$$

$$\min Z_4 = \delta (CE_L + CE_{R1} + CE_{R2} + CE_I - L) \tag{6-4}$$

s. t

$$Q_i + z_\alpha \sqrt{L_i \sum_{j \in J} \sigma_j^2 RR_{ij}} \leqslant N_i \tag{6-5}$$

$$\sum_{j \in J} D_j \sum_{j \in J} q_{gjk} \leqslant b \tag{6-6}$$

$$\sum_{k \in K} \sum_{g \in (I \cup J)} q_{gjk} = 1 \tag{6-7}$$

$$\sum_{j \in J} \sum_{g \in (I \cup J)} q_{gjk} \leqslant 1 \tag{6-8}$$

$$\sum_{k \in (I \cup J)} q_{gjk} - \sum_{k \in (I \cup J)} q_{jgk} = 0 \tag{6-9}$$

$$\sum_{i \in I} X_i \geqslant \sum_{j \in J} Y_{ij} \tag{6-10}$$

$$\sum_{i \in I} Y_{ij} = D_j \tag{6-11}$$

$$CE_L + CE_{R1} + CE_{R2} + CE_I + e^- - e^+ = L \tag{6-12}$$

$$U_i = \{0, 1\}, i \in I \tag{6-13}$$

$$RR_{ij} = \{0, 1\}, i \in I, j \in J \tag{6-14}$$

$$q_{gjk} = \{0, 1\}, \forall g \in (I \cup J), j \in J \tag{6-15}$$

公式(6-1)表示配送中心选址成本最小;公式(6-2)表示车辆运输成本最小;公式(6-3)表示库存成本最小;公式(6-4)表示碳排放交易成本最小;公式(6-5)表示配送中心的能力约束;公式(6-6)表示车辆的运输能力约束;公式(6-7)表示每个零售点有且仅有一辆车为其服

务;公式(6-8)表示每辆车至多服务于一个配送中心;公式(6-9)表示车辆不能停留在某个节点上;公式(6-10)表示车辆运输到配送中心的产品数量大于运输到零售点的产品数量;公式(6-11)表示每个零售点的需求都能得到满足;公式(6-12)表示企业充分利用碳交易机制,且不存在碳排放额度闲置行为;公式(6-13)至公式(6-15)保证决策变量的非负性。

6.4　考虑碳排放的生鲜农产品冷链物流集成多目标优化问题模型求解

6.4.1　求解考虑碳排放的生鲜农产品冷链物流集成多目标优化问题模型思路

考虑碳交易的生鲜农产品冷链物流 LRIP 问题是一类多目标优化问题,属于典型的 NP-Hard 问题,现有研究大多数解决的是单一生产基地及单一产品的多目标优化问题,对该类问题进行求解的过程中,主要是将多目标优化问题进行分解后再逐个进行求解,如 LRP、LAP、LIP、IRP[223]。本研究所构建的多目标优化问题模型中的碳成本、选址成本、运输成本和库存成本这些优化目标之间是一种相互矛盾的关系,该问题是典型的 MOP,求解该类问题需要应用多目标优化算法。NSGA-Ⅱ算法是综合性能较好的多目标进化算法[140],该算法是一种基于传统遗传算法的带精英策略的非支配排序算法,它通过不同个体间的支配关系确定它们的优劣,从而直接对多个目标进行优化,这一点与传统的方法存在着本质的区别;该算法不仅收敛速度快而且适用性更加广泛,但它也存在着容易陷入局部最优的现象[297]。基于此,本研究选择在 NSGA-Ⅱ算法基础上对其进行改进来解决考虑碳交易的生鲜农产品冷链物流 LRIP 多目标优化问题。

6.4.2 带精英策略的非支配排序遗传算法基本原理及流程

Deb 等人于 1995 提出了一种基于遗传算法的改进算法,这类算法就是 NSGA 算法[298]。但是该类算法存在着一些不足,如面对较大数据量的问题时计算的复杂度较高,需要指定共享半径等。2000 年 Deb 在该算法基础上对其进行了改进,提出了鲁棒性更高的 NSGA-Ⅱ算法,它是一种高效的非支配排序法;它有效地解决了传统 NSGA 算法存在的主要问题,如使问题求解计算的复杂度从 $O(mM^3)$ 降至 $O(mM^2)$、无需确定一个共享参数、具备了最优保留机制等。目前 NSGA-Ⅱ已经被广泛应用于多个领域,如加工制造领域[299]、能源领域[300]等,也有部分学者应用该算法来解决供应链领域的多目标优化问题[301]。

6.4.2.1 带精英策略的非支配排序遗传算法基本原理

NSGA-Ⅱ算法的理论基础与遗传算法相同,它遵循 GA 算法的基本原理,不同之处是在选择操作步骤开始阶段需要对不同个体进行非支配排序。这一步也是该算法的核心步骤,具体过程包括以下几个方面[140]。

1) 快速非支配排序

快速非支配排序,对于种群 P,集合 S_p 为个体 p 所支配个体的集合,n_p 为支配个体 p 的个体数。其主要过程如下:

(1) 搜索到种群中所有 $n_p=0$ 的个体,将其放入集合 F_1 中,并赋予相应的非支配序 i_{rank};

(2) 对于集合 F_1 的每个个体 p,考察它所支配的集合 S_p,将集合中每个个体 q 的 n_p 减 1,如果 $n_p-1=0$,即个体 q 是 S_p 中的非支配个体,则将个体 q 放入另一个集合 Q 中,对 Q 进行分层并赋予非支配序;

(3) 延续上述的操作步骤并将种群进行分级。

2) 拥挤度算子

拥挤度作为种群中确定个体周围密度的指标,通常用 i_d 来表示;在种群非支配排序后需要计算拥挤度距离进行不同个体间的筛选。拥挤度计算过程为:对于每个层级 F_i,n 表示个体的数量;将 F_i 中所有个体的拥挤度距离初始化为 0，$F_i(d_j) = 0$[302]。其中，j 表示 F_i 中的第 j 个个体。具体的目标函数如下：

（1）将 F_i 中每个个体按照目标函数 m 进行排序，$I = sort(F_i, m)$；

（2）将 F_i 中位于边界处的拥挤度距离赋值为无穷大，$I(d1) = \infty$，$I(dn) = \infty$；

（3）$I(d_k) = \sum_m \dfrac{I(k+1).m - I(k-1).m}{f_m^{\max} - f_m^{\min}}$（$k = 2, 3, \cdots, n-1$），其中 $I(k).m$ 表示第 k 个个体第 m 个目标函数的拥挤度距离。

经过上述步骤后，种群中的每个个体 j 都得到两个属性：非支配序 n_{rank} 和拥挤度 n_d。结合该属性可以很好地确定不同个体间的关系。定义拥挤度比较算子 $\geq_n$，个体优劣的比较依据为 $i \geq_n j$，即个体 i 优于个体 j，当且仅当 $i_{rank} < j_{rank}$ 或 $i_{rank} = j_{rank}$ 且 $i_d > j_d$。因此，当两个个体处于不同层级时，取 n_{rank} 较小的个体；当两个个体处于同一层级时，取 i_d 较大的个体。

3）精英策略

精英策略作为一种可以有效提高遗传算法结果的方法，它的使用有利于将种群中的优良个体延续到下一代中。精英策略的具体操作过程可以描述为：一个规模大小都是 N 的父代种群 P_t 和子代种群 Q_t 合并而成规模大小为 $2N$ 的种群 R_t，然后对 R_t 进行快速非支配排序分层，之后计算其拥挤度距离，最后根据个体优劣程度从种群 R_t 中选择前 N 个个体形成新的父代种群[303]。

6.4.2.2 NSGA-Ⅱ算法的基本流程

NSGA-Ⅱ算法的基本流程如下[140]：

步骤 1：初始父代种群 P_0 在随机条件下产生，它的种群规模为 N，对 P_0 进行非支配排序。

步骤 2：迭代更新，经过选择、交叉及变异后产生规模为 N 的子种群 Q_0，将父代种群 P_n 和子代种群 Q_n 合并组成规模为 $2N$ 的合成种群 R_n。

步骤 3：进行快速非支配排序，将 R_n 中的全部 $2N$ 个个体按非支配序号（等级）重新分类，得到等级 F_1，F_2，F_3，$\cdots$，F_n；其中 F_1 为最优非支配集，F_2 为次优非支配集，依次计算不同个体拥挤度距离并进行排序。

步骤 4：在排序结果中选取 N 个个体作为新的父代种群 P_{n+1}，假设此时的非支配解集为 F_i。

步骤 5：由于 F_1，F_2，F_3，$\cdots$，F_n 中的个体数量之和大于 N，对 F_i 中的个体进行拥挤度计算，选择 F_i 中较好的个体和 F_1 至 F_{i-1} 中的全部个体一起组成规模为 N 的新种群 P_{t+1}。

步骤 6：通过新种群 P_{t+1} 进行选择、交叉及变异，形成新子代种群 Q_{t+1}。

步骤 7：重复步骤 2 至步骤 6 进行迭代，直到 $Gen = maxgen$，$maxgen$ 为最大进化代数。

6.4.3　带精英策略的非支配排序遗传算法的改进设计

本研究针对考虑碳交易的生鲜农产品冷链物流网络 LRIP 多目标优化问题构建了数学模型，在对其进行求解时应用改进后的 NSGA-Ⅱ 算法。由于在原 NSGA-Ⅱ 算法中通过拥挤度算子判断个体优劣时，会出现拥挤度与个体实际密度不一致的情况，导致密度高的个体遗传到下一代，这种局部堆积会产生"局部最优"现象的发生；为了改善个体分布的均匀性，本研究引入动态拥挤度距离防止算法出现此类现象。同时参考差分算法的基本思想[304]，通过设计变异算子来增加种群分布的多样性，从而提高算法的全局搜索能力。

1）算法编码

本研究运用实数编码方式，假设有 m 个配送中心，n 个零售点，根据多目标优化问题模型可知，车辆可以从同一配送中心多次出发，为不同路径上的零售点进行配送。随机生成 n 个由配送中心序号组成的可重复随机全排列 D_1，然后随机生成 n 个由零售点序号组成的无重复随机全排列 D_2，D_1 与 D_2 组合再进行随机排列。例如，配送中心编号为1、2、3，零售点编号为4、5、6、7，染色体编码为1、4、2、5、2、3、6、7，则路径划分为:1-4-1,2-5-2,3-6-7-3。由此生成染色体,进行路径划分后,根据模型约束条件判断车辆是否超载,如超载重新生成染色体。

2)动态拥挤度距离

在 NSGA-Ⅱ算法中,如果当前非支配集中个体的数目大于规定种群数,则要按拥挤距离从小到大一次性淘汰多余个体数。在这样的规则和要求下,每一次进行种群选择操作时只需要计算一次个体的拥挤距离,如果一次性淘汰所有拥挤距离小的个体,则会导致个体之间"缺失现象"的发生,这种情况将会促使解的分布状态较差。另外也可以发现,由于不同个体间存在着一定的差异,它们在某些维目标上的差值也会导致不同个体间的拥挤距离的变化,这类现象会导致误差情况常常发生,从而不利于最优解的产生。针对上述算法中存在的这些问题,本研究引入动态拥挤距离的多样性保持策略,在种群的具体维护过程中,每淘汰一个个体就需要重新计算种群中剩余个体的拥挤距离,然后根据公式(6-16)计算个体 i 的动态拥挤距离。

$$d_{dc,i} = d_{c,i}/\lg(1/V_i) \tag{6-16}$$

其中,$V_i = \dfrac{1}{m}\sum_{k=1}^{m}(|f_k^{i+1}-f_k^{i-1}|-d_{c,i})^2$,$V_i$ 为个体 i 在各维目标相邻个体拥挤距离的方差,它能反映各维目标拥挤距离的差异程度,差异程度较大的个体被保留的机会就越大;$d_{dc,i}$ 表示动态拥挤度距离;$d_{c,i}$ 为拥挤度距离;m 为目标函数个数。

3)变异算子

本研究参考差分算法的基本思想,通过个体间的差异来实现个体的变异,运用特殊的变异算子对个体进化方向进行干预扰动,从而提高算法的全局搜索能力。在基本差分算法中,对于种群 P,在当前种群中随机选取两个相异个体,将其差分向量缩放后与另外待变异个体进行向量运算,生成新个体,如公式(6-17)所示。

$$V_i(g+1) = X_{r1}(g) + F \times (X_{r2}(g) - X_{r3}(g)) \tag{6-17}$$

公式(6-17)中,$i \neq r1 \neq r2 \neq r3$,$i = 1$,$2$,$\cdots$,$N$,$N$ 为种群规模,$r1$、$r2$ 和 $r3$ 均为区间$[1, N]$的随机整数,F 表示缩放因子,g 表示进化代数,$X_i(g)$ 表示第 g 代种群中第 i 个个体[305]。根据差分算法的变异算子,本研究针对考虑碳交易的生鲜农产品冷链物流网络 LRIP 多目标优化问题模型设计了变异算子[306]。根据计算机语言中的两种按位运算符,定义自然数向量集合上不同于一般的实数向量空间上的代数结构。由 d 维自然数向量构成的集合表示 NP_d,假设向量 $\alpha = (\alpha_1, \alpha_2, \cdots, \alpha_d) \in NP_d$,$\beta = (\beta_1, \beta_2, \cdots, \beta_d) \in NP_d$,定义如下两种代数结构,按位与"$\&$"和按位或"$|$":$\alpha \& \beta \triangleq (\alpha_1 \& \beta_1, \alpha_2 \& \beta_2, \cdots, \alpha_n \& \beta_n)$,$\alpha | \beta \triangleq (\alpha_1 | \beta_1, \alpha_2 | \beta_2, \cdots, \alpha_n | \beta_n)$。定义如下代数运算:

$$F \otimes \alpha \triangleq \begin{cases} (\alpha_j, \alpha_2, \cdots, \alpha_{j-1}, \alpha_1, \alpha_{j+1}, \cdots, \alpha_{d-1}, \alpha_d), & rand > F \\ (\alpha_1, \alpha_2, \cdots, \alpha_{j-1}, \alpha_d, \alpha_{j+1}, \cdots, \alpha_{d-1}, \alpha_j), & otherwise \end{cases}$$

$$(6\text{-}18)$$

公式(6-18)中,$rand$ 为区间$[0, 1]$中的均匀随机数,j 为在区间$[1, d]$中随机选取的自然数,F 为区间$(0, 1)$中给定的常数。根据以上代数结构与运算的定义,本研究算法的变异个体由公式(6-19)生成:

$$V_i(g+1) = X_{r1}(g) | F \otimes (X_{r2}(g) \& X_{r3}(g)) \qquad (6\text{-}19)$$

公式(6-19)中,$X_i(g)$ 表示第 g 代种群中第 i 个个体,F 相当于基本差分算法中的缩放因子,$F \in (0, 1)$。假设给定 $F = 0.8$,分为三个步骤产生新的变异个体,主要过程如下:

步骤1:在当前群体中随机选取 X_{r1}、X_{r2}、X_{r3},$i \neq r1 \neq r2 \neq r3$,$i = 1$,$2$,$\cdots$,$N$,$N$ 为种群规模,计算 $X_d(g) = X_{r2}(g) \& X_{r3}(g)$。

步骤2:在区间$(0, 1)$中随机选取 $rand$,在区间$[1, d]$中随机选取自然数 j,计算 $X_t(g) = F \otimes X_d(g)$。

步骤3:计算 $X_{r1}(g) | X_t(g)$,将得到的变异个体进行合法化处理。具体情况如图 6-1 所示。

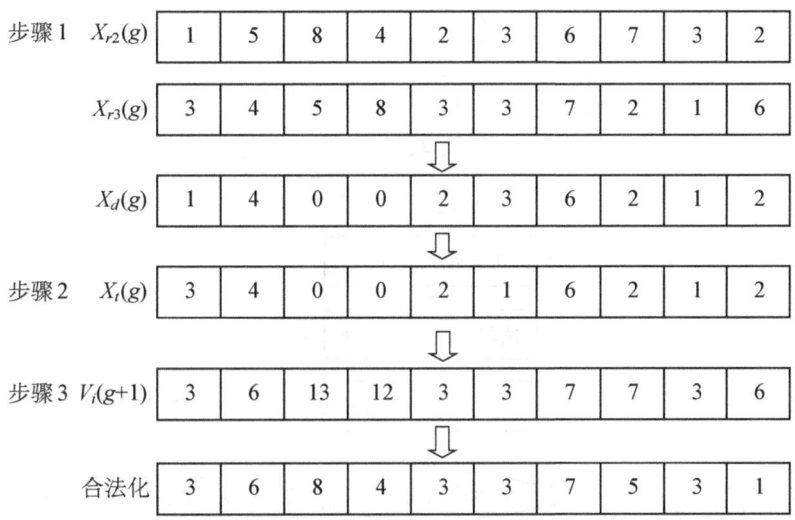

图 6-1　变异算子原理图

4) 改进的 NSGA-Ⅱ算法流程

步骤 1：随机产生种群规模为 N 的初始父代种群 P_0，对 P_0 进行非支配排序。

步骤 2：迭代更新，进行选择、交叉，按照公式(6-19)进行变异，产生规模为 N 的子种群 Q_O。

步骤 3：将父代种群 P_n 和子代种群 Q_n 合并，组成一个规模为 $2N$ 的合成种群 R_n。

步骤 4：进行快速非支配排序，将 R_n 中的全部 $2N$ 个个体按非支配序号(等级)重新分类，得到等级 F_1，F_2，F_3，…，F_n；其中 F_1 为最优非支配集，F_2 为次优非支配集，依次类推，按照公式(6-16)计算每一个非支配层的个体动态拥挤距离，然后进行排序。

步骤 5：根据排序结果选择 N 个个体作为新的父代种群 P_{n+1}。

步骤 6：对新种群 P_{t+1} 进行选择、交叉，按照公式(6-19)进行变异，形成新子代种群 Q_{t+1}。

步骤 7：迭代计数器累增 1，判断是否满足算法终止条件，若满足则执行步骤 8；否则转步骤 2。

步骤 8：输出 Pareto 最优前沿面，算法结束。具体情况如图 6-2 所示。

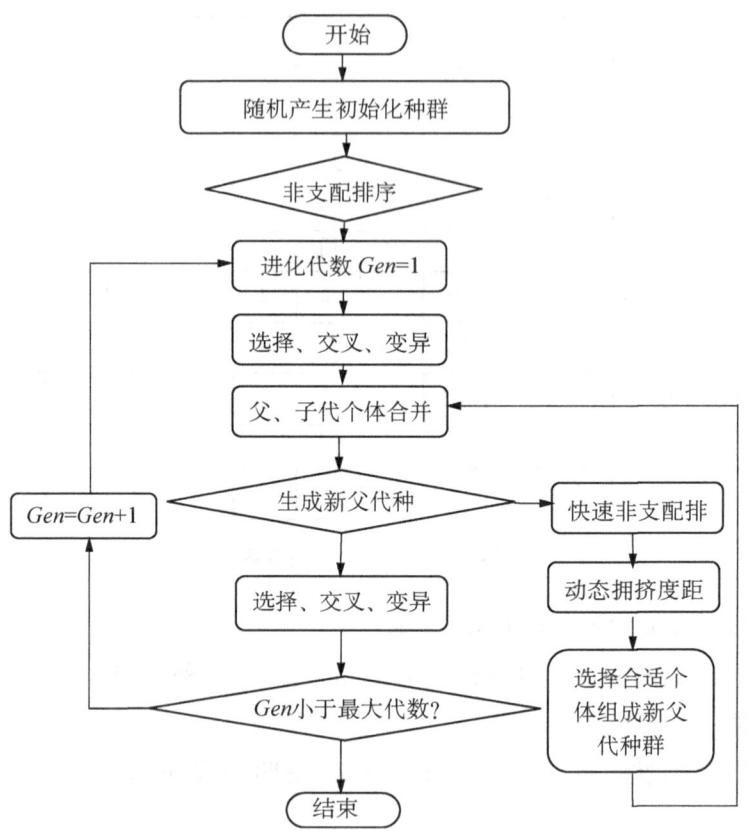

图 6-2 改进的 NSGA-Ⅱ算法流程

6.5 仿真实验

目前,对于考虑碳交易成本的冷链物流 LRIP 问题尚未有标准的验证数据,为验证模型和算例的可行性和有效性,本研究在文献[229]的数据基础上,假设某生鲜农产品两级供应链网络中有 5 个备选配送中心,需要选定多个配送中心来满足 20 个零售点的配送需求。配送中心和零售点的位置在"100×100"的平面随机产生,平面坐标上各节点之间的距离用欧氏距离来表示[251];各零售点的需求量在区间[100,250]中随机生成;配送中心和零售点的距离如表6-2与表6-3所示,其中编号 1~5 处为备选配送中心,编号 6~25 处为零售点。

表6-2　考虑碳排放的冷链物流配送中心与零售点的距离（1~15）

距离	1	2	3	4	5	6	7	8	9	10	11	12	13	14	15
1	0	57.25	46.32	24.02	26.91	69.63	6.4	75.77	70.83	48.26	87.46	58.25	56.46	36.62	14.76
2	57.25	0	16.16	52.04	33.54	15.23	50.99	49.19	93.78	11.05	100.4	28.43	38.95	21.59	66.76
3	46.32	16.16	0	47.8	28.46	31.38	40.61	61.13	95.19	16.76	104.8	38.9	47.01	18.03	58.14
4	24.02	52.04	47.8	0	19.42	60.17	20.88	54.92	50.93	41.11	65.37	41.62	36.24	31.14	20.81
5	26.91	33.54	28.46	19.42	0	43.83	20.62	51.2	67.8	23.09	79.51	31.76	32.25	12.04	33.62
6	69.63	15.23	31.38	60.17	43.83	0	63.25	41.04	95.34	21.4	98.9	25.3	37	33.02	77.39
7	6.4	50.99	40.61	20.88	20.62	63.25	0	70.23	70.21	41.88	85.87	52.15	50.92	30.23	18.25
8	75.77	49.19	61.13	54.92	51.2	41.04	70.23	0	65.62	44.38	62.97	22.36	19.31	49.01	75.72
9	70.83	93.78	95.19	50.93	67.8	95.34	70.21	65.62	0	83.26	20.22	70.21	58.69	77.18	58.69
10	48.26	11.05	16.76	41.11	23.09	21.4	41.88	44.38	83.26	0	90.8	22.14	30.81	11.66	56.65
11	87.46	100.4	104.8	65.37	79.51	98.9	85.87	62.97	20.22	90.8	0	73.79	62.18	87	76.66
12	58.25	28.43	38.9	41.62	31.76	25.3	52.15	22.36	70.21	22.14	73.79	0	11.7	27.17	61.62
13	56.46	38.95	47.01	36.24	32.25	37	50.92	19.31	58.69	30.81	62.18	11.7	0	32.02	57.01
14	36.62	21.59	18.03	31.14	12.04	33.02	30.23	49.01	77.18	11.66	87	27.17	32.02	0	45.22
15	14.76	66.76	58.14	20.81	33.62	77.39	18.25	75.72	58.69	56.65	76.66	61.62	57.01	45.22	0
16	46.32	16.16	0	47.8	28.46	31.38	40.61	61.13	95.19	16.76	104.8	38.9	47.01	18.03	58.14
17	38.28	72.25	69.26	21.54	40.8	78.41	38.21	62.8	32.65	61.2	50.45	56.32	47.42	52.17	26.25
18	70.52	83.73	87.32	47.85	61.72	83.49	68.54	51.09	15.23	73.78	17.8	58.19	46.49	69.43	60.67
19	36.67	58.86	57.7	13.42	29.68	64.12	34.18	49.52	38.29	47.85	51.97	41.76	33.12	39.92	29.61
20	55.54	38.29	46.14	35.47	31.26	36.69	49.98	20.25	58.86	30	62.65	11.4	1	31.05	56.22
21	59.48	74.73	77.2	36.67	50.93	75.93	57.38	47.8	19.42	64.41	28.84	50.8	39.32	59.2	50.16
22	63.7	22.47	36.06	49.65	36.8	15.65	57.38	26.93	80.23	20.22	83.26	10.05	21.59	29.07	68.82
23	35.51	70.11	66.76	18.97	38.33	76.66	35.38	62.48	35.36	59.08	52.89	55.03	46.53	49.82	23.77
24	28.28	84.5	74.53	38.9	51.88	95.71	33.96	93.41	65.49	74.73	85.15	80.16	75.07	63.16	18.6
25	46.39	49.24	52.4	23.09	28.64	51.35	42.01	33.24	44.6	38.95	52.4	27.07	17.09	34.66	43.38

表 6-3　考虑碳排放的冷链物流配送中心与零售点的距离(16～25)

距离	16	17	18	19	20	21	22	23	24	25
1	46.32	38.28	70.52	36.67	55.54	59.48	63.7	35.51	28.28	46.39
2	16.16	72.25	83.73	58.86	38.29	74.73	22.47	70.11	84.5	49.24
3	0	69.26	87.32	57.7	46.14	77.2	36.06	66.76	74.53	52.4
4	47.8	21.54	47.85	13.42	35.47	36.67	49.65	18.97	38.9	23.09
5	28.46	40.8	61.72	29.68	31.26	50.93	36.8	38.33	51.88	28.64
6	31.38	78.41	83.49	64.12	36.69	75.93	15.65	76.66	95.71	51.35
7	40.61	38.21	68.54	34.18	49.98	57.38	57.38	35.38	33.96	42.01
8	61.13	62.8	51.09	49.52	20.25	47.8	26.93	62.48	93.41	33.24
9	95.19	32.65	15.23	38.29	58.86	19.42	80.23	35.36	65.49	44.6
10	16.76	61.2	73.78	47.85	30	64.41	20.22	59.08	74.73	38.95
11	104.8	50.45	17.8	51.97	62.65	28.84	83.26	52.89	85.15	52.4
12	38.9	56.32	58.19	41.76	11.4	50.8	10.05	55.03	80.16	27.07
13	47.01	47.42	46.49	33.12	1	39.32	21.59	46.53	75.07	17.09
14	18.03	52.17	69.43	39.92	31.05	59.2	29.07	49.82	63.16	34.66
15	58.14	26.25	60.67	29.61	56.22	50.16	68.82	23.77	18.6	43.38
16	0	69.26	87.32	57.7	46.14	77.2	36.06	66.76	74.53	52.4
17	69.26	0	35.01	14.56	47.01	25.32	65.73	2.83	36.67	30.41
18	87.32	35.01	0	34.44	46.82	11.18	68.01	37.12	71.25	35
19	57.7	14.56	34.44	0	32.65	23.26	51.2	13.42	45.18	16.4
20	46.14	47.01	46.82	32.65	0	39.46	21.38	46.07	74.33	16.76
21	77.2	25.32	11.18	23.26	39.46	0	60.83	27.07	61.98	25.5
22	36.06	65.73	68.01	51.2	21.38	60.83	0	64.29	87.42	37.01
23	66.76	2.83	37.12	13.42	46.07	27.07	64.29	0	35.17	29.68
24	74.53	36.67	71.25	45.18	74.33	61.98	87.42	35.17	0	60.46
25	52.4	30.41	35	16.4	16.76	25.5	37.01	29.68	60.46	0

各配送中心的固定建设费用在区间[100,200]中随机生成;参考碳排放的相关系数文献[271],假设 λ_i 服从均匀分布 $U(740,820)$,β_i 和 β_{gi} 均服从均匀分布 $U(0.04,0.1)$,γ_i 服从均匀分布 $U(0.38,0.5)$,碳排放配额为 10 000 千克。根据欧盟碳排放交易市场 EU ETS 2016 年的碳交易价格平均水平,假设碳交易价格 δ 为 6 欧元/吨(按 1 欧元＝7.33 元人民币,0.044 元/千克)。其他相关参数如表 6-4 所示。

表 6-4 配送中心相关参数值

参数	含义	值
σ_j^2	需求方差	20
h_i	DC_i 的单位产品库存持有成本	1 元/千克
O_i	DC_i 向生产基地定货的定货成本	20 元/次
L_i	DC_i 的订货提前期	7
α	配送中心的服务水平	97.5%
θ	运输途中商品的腐败速率系数	0.05
P	运输商品的单位价值	5 元
V_i	生产基地到 DC_i 的平均运输速率	30 千米/小时
V_{gj}	节点 g 到节点 j 的平均运输速率	30 千米/小时
p_t	单位商品单位距离的运费	0.01 元/千克/千米
N_i	配送中心 DC_i 的最大容量	1 400 千克
b	车辆的最大运载能力	700 千克

改进的 NSGA-Ⅱ算法的参数如下:种群数量 $N=100$;最大进化代数 $MAXGEN=200$;交叉率为 0.9。该算法用 Matlab R2014b 实现,在配置为 Intel(R)core(TM) i7-4610M 3.00GHz CPU、8GB 内存、Windows7 操作系统的笔记本电脑上进行仿真实验。

实验算例的运行结果如表 6-5 与表 6-6 所示,在不考虑碳交易成本情况下,配送中心分别在 1、2、3、5 点建立,由于不考虑碳排放成本,碳排放总量为 59 382 千克,总成本为 13 748 元;在考虑碳交易成情况下,配送中心分别在 1、3、5 点建立,此时碳排放总量减少为 58 255 千克,总成本为 13 439 元。如表 6-7 所示,从两种情况的对比中可以看出,在不考虑碳交易的情况下,总成本比考虑碳交易时增加 309 元,而此时碳排放量减少 1 127 千克。虽然从实际成本核算来看,不考虑碳交易的实际成本较低,如果将其环境纳入成本核算,其总成本高于考虑碳交易情况的成本。

表 6-5　不考虑碳交易成本的算例运行结果

选定的配送中心	配送路线	订货量（千克）	碳排放量（千克）	总成本（含碳交易成本）（元）
1	1-10-19-7-1 1-15-12-6-1	1 151	29 042	5 115
2	2-23-2	135	2 104	147
3	3-17-22-3 3-21-11-3 3-20-24-25-16-3	1 288	16 458	4 811
5	5-9-8-18-5 5-13-14-5	916	11 778	3 675

表 6-6　考虑碳交易成本的算例运行结果

选定的配送中心	配送路线	订货量（千克）	碳排放量（千克）	总成本（含碳交易成本）（元）
1	1-7-19-10-1 1-15-12-6-1	1 151	28 386	5 019
3	3-17-23-22-3 3-21-11-3 3-20-24-25-16-3	1 423	18 530	4 845
5	5-9-8-18-5 5-13-14-5	916	11 339	3 575

表 6-7　成本对比表

	碳排放量（千克）	总成本（包含碳交易成本）（元）	实际成本（元）
不考虑碳交易	59 382	13 748	12 461
考虑碳交易	58 255	13 439	13 439

　　从碳交易成本的构成来看，企业获得的碳排放配额与碳交易价格是影响碳交易成本的重要因素。本研究将实验数据中的碳排放配额 L 与碳交易价格 δ 分别设置为不同的数值，来观察碳排放配额与碳交易价格的变动对碳排放量与总成本的影响。如图 6-3 所示，随着碳排放配额的增加，碳排放量不变，这说明企业获得的碳排放配额对碳排放量的决策没有影响；同时随着碳排放配额的增加，总成本出现递减趋

势,这表明随着企业获得的碳排放配额增加,在碳排放量保持不变的情况下,企业可以减少购买额外碳排放额度的费用,使得碳交易成本降低,从而使总成本减少。

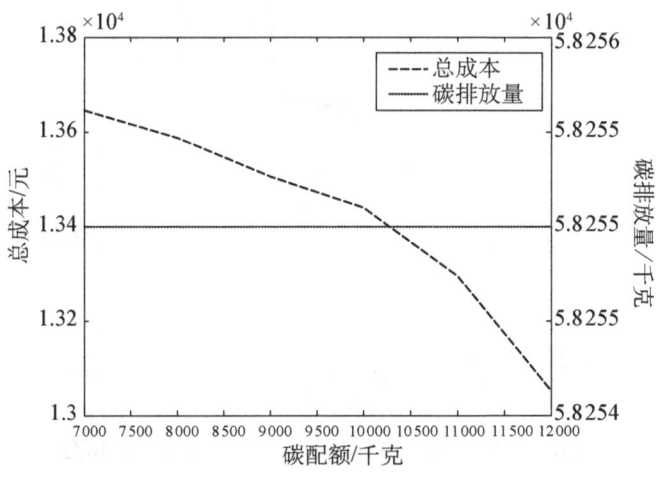

图 6-3　碳排放配额对总成本与碳排放量的影响图

如图 6-4 所示,当给定碳排放配额时,随着碳交易价格的增加,碳排放量曲线呈现阶梯式下降。当碳排放价格在 0.014～0.054 元时,企业的碳排放量保持为 58 255 千克;当碳交易价格高于 0.054 元时,碳排放量下降到 56 455 千克,并在一段价格区间保持不变;当碳交易价格高于 0.084 元时,碳排放量再次阶梯式下降到 54 200 千克,并在一段价格区间保持不变。这表明当碳排放价格较低时,企业碳交易成本较低,不会降低碳排放量,当价格到达一定水平时,企业降低碳排放量可以减少自身碳成本,并且可以通过出售碳排放额度增加收益,企业此时将减低碳排放量,当碳交易价格达到很高的水平时,企业会使碳排放量达到最低,从而降低碳交易成本。同时,当给定碳排放配额时,随着碳交易价格的增加,总成本曲线呈现上升趋势,当碳交易价格达到一定水平时,总成本上升趋势放缓。这说明当碳交易价格较小时,随着碳交易价格的增加,企业由于不会降低碳排放量,因此总成本曲线上升趋势较明显;当碳交易价格达到较高水平时,由于企业会降低自身碳排放量,且可以通过高价卖出多余碳排放额度获得利益,因此总成本曲线上升趋势放缓。

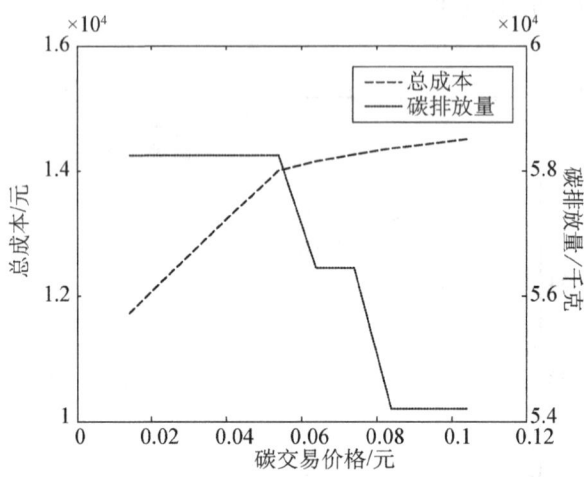

图 6-4　碳交易价格对总成本与碳排放量的影响图

本研究将改进的 NSGA-Ⅱ算法与传统的 NSGA-Ⅱ算法进行比较分析,在相同的参数设置下,得到两种算法在 200 代内进化的收敛情况,具体如图 6-5 所示。由图 6-5 可以看出,运用改进的 NSGA-Ⅱ算法所得到的总成本最优值随着进化代数的增加,保持总体下降的趋势,这说明改进的 NSGA-Ⅱ算法在寻求多目标函数全局最优解的有效

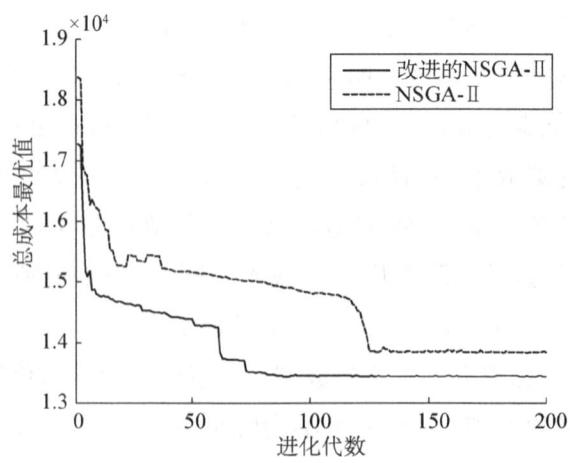

图 6-5　总成本最优值变化图

性。同时改进的 NSGA-Ⅱ算法收敛性明显优于传统的 NSGA-Ⅱ算法,改进的 NSGA-Ⅱ算法在第 75 代左右就基本达到最优解,而传统的 NSGA-Ⅱ算法在第 130 代左右才基本达到最优解,且其得出的整体优化成本较高。

6.6　本　章　小　结

首先,将碳交易成本引入生鲜农产品冷链物流网络集成多目标优化问题中,通过分析碳交易机制下碳排放量与碳成本的核算,建立了考虑碳排放交易的 LRIP 集成多目标优化问题模型。其次,由于该模型相对复杂,涉及四个优化目标和多个约束条件,增加了解决该模型的难度;本研究以经典多目标进化算法 NSGA-Ⅱ为基础,设计了改进的 NSGA-Ⅱ算法,用于求解该类复杂的生鲜农产品冷链物流网络多目标优化问题模型;在改进的 NSGA-Ⅱ算法中引入了动态拥挤度距离来计算拥挤度,改善了个体分布的均匀性,有效防止了算法陷入局部最优问题;同时参考差分算法的基本思想设计了变异算子,增加了种群分布的多样性,提高了算法的全局搜索能力。最后,通过实例分析了考虑碳交易与不考虑碳交易两种情况下企业总成本的变化情况,对碳排放配额与碳交易价格对企业碳排放量与总成本的影响进行了归纳;将改进的 NSGA-Ⅱ算法与 NSGA-Ⅱ算法的总成本最优值进行了对比,表明本章节所提出的改进 NSGA-Ⅱ算法求解该类问题具有更好的效果。

7　总结与展望

7.1　总　　结

　　多目标优化问题普遍存在于冷链物流网络中,本研究针对该领域中的 LRIP 多目标优化问题进行了研究,以供应链管理、冷链物流、物流规划及设计等理论为基础,对国内外冷链物流网络优化的研究进展进行了梳理,并在此基础上归纳出了冷链物流网络优化的研究体系。本研究通过运用最优化理论及方法对不确定性背景下的一系列生鲜农产品冷链物流网络 LRIP 多目标优化问题进行了探讨。首先,构建了的生鲜农产品冷链物流网络 LRIP 多目标优化基本问题模型;其次,结合生鲜农产品具有时变性的特点,构建了考虑时间窗约束条件的冷链物流网络 LRIP 多目标优化问题模型;最后,针对冷链物流比常温物流能耗高的特点,构建了考虑碳排放的冷链物流网络 LRIP 多目标优化问题模型。本研究设计改进了相应的多目标优化算法对一系列多目标优化问题模型进行了求解,通过仿真实验验证了算法的有效性及可行性,结果表明所构建的模型及算法符合提供生鲜农产品冷链物流服务的第三方冷链物流企业发展的现实情况,对提高我国冷链物流业的服务质量及保障生鲜农产品质量安全等具有重要的参考意义。本研究的主要研究成果如下:

　　(1)讨论了随机需求下的生鲜农产品冷链物流两级分销网络的 LRIP 多目标优化问题。以生鲜农产品为例,针对由生产基地到配送中心、再从各个配送中心到不同的零售点形成的冷链物流两级分销网络的 LRIP；以配送中心选址成本最少、库存成本最少、考虑货损成本最小的车辆运输成本最优为目标函数，构建了冷链物流 LRIP 多目标优化问题模型。由于该类问题属于离散型优化问题，本研究结合 DPSO 算法的优势，针对 LRIP 多目标优化问题模型设计了一种 DPSO-LRIP 求解算法。算法设计过程中为了找到多目标优化问题与粒子之间的映射，本研究用节点序列表示每个粒子，让其代表一个巡回路径；用问题空间中的维向量表示粒子的位置，个体的适应度值由预定义的适应度函数决定，可行解中适应度值较大的个体将在进化中被淘汰；将个体中的每个元素都转化为浮点区间[0，1]的数，计算所有粒子的速度，然后根据相对位置索引将元素转换成整数。为了使所构建的模型更加贴近冷链物流企业的实际情况，本研究结合算例数据分别应用 DPSO-LRIP 算法与 PSO 算法对该类问题进行了求解，通过对比表明了本研究所提出的 DPSO-LRIP 算法在求解该类问题时的优越性及可行性。

（2）研究了考虑客户软时间窗约束条件下的生鲜农产品冷链物流网络 LRIP 多目标优化问题。生鲜农产品因具有易腐变质的特性，其产品的品质和质量安全往往会随着时间的推移而不断降低，这就要求该类产品的冷链物流服务必须考虑该类产品的时变性特征，而研究带时间窗的相关问题就成了解决此问题的关键点。本研究以最优选址、库存容量最优、成本最小、车辆路径最优为目标函数，在满足客户时间窗（软时间窗）的约束条件下，构建了一个 LRIPTW 多目标优化问题模型。由于该模型涉及四个优化目标和多个约束条件，问题的复杂度较高，因此本研究以经典的解决离散优化问题的蚁群算法为基础，根据该类模型的特点，设计改进了一种新的多目标蚁群算法。该算法将 Pareto 多目标蚁群算法与遗传算法相混合，改进了蚂蚁状态转移规则，改善了个体分布的均匀性，提高了算法的全局搜索能力，同时也避免了遗传算法易出现"早熟收敛"的问题。最后，通过仿真实验分析了考虑软时间窗的冷链物流企业总成本的情况，将改进的多目标蚁群算法与 Pareto 多目标蚁群算法的最优值进行对比，实验结果表明改进的多目标蚁群算法可以更好地求解该类多目标优化问题。通过研究可以发现，被服务客户可以通过设置较高的惩罚成本来促使第三方冷链物流服务企业提高配送的准时率,在提升客户满意度的同时为企业树立良好的形象。

(3)构建了考虑碳排放的生鲜农产品冷链物流网络 LRIP 多目标优化问题模型。本研究以生鲜农产品为例,涉及生鲜农产品生产基地或采摘基地、货物配送中心及产品零售点的冷链物流两级分销网络系统。将碳交易成本引入冷链物流网络优化问题中,通过分析碳交易机制下碳排放量与碳成本的核算,以选址最优、库存成本最小、车辆路径最优、碳排放成本最小为目标函数,建立了考虑碳交易机制的生鲜农产品冷链物流网络 LRIP 多目标优化问题模型。针对此类复杂的多目标优化问题,本研究以经典多目标进化算法 NSGA-Ⅱ 为基础,结合差分进化算法的优势对其进行了改进。在算法的改进过程中引入了动态拥挤度距离来计算拥挤度,改善了个体分布的均匀性,有效防止了算法陷入局部收敛;同时参考差分算法的基本思想设计变异算子,以增加种群分布的多样性,提高了算法的全局搜索能力。本研究通过算例分析了考虑碳交易与不考虑碳交易两种背景下企业总成本的变化情况,并在此基础上提出了相应的发展对策。如果第三方冷链物流服务企业实际的碳排量放低于规定的值,可以将多余的碳排放额度在碳排放交易中心进行交易。面对这种情况,一方面,企业会在利润的驱使下主动参与到二氧化碳减排活动中,并通过优化物流网络各环节来实现碳排放量的结余;另一方面,消费者对环保产品及服务倾向性选择现象的逐渐增加,促使更多的企业愿意投身于二氧化碳的减排行列中。这种"双赢"的局面不仅成为企业所追求的发展目标,而且是实现"资源节约型、环境友好型"社会的有效推动力。

7.2 展　　望

随着人们对生鲜农产品需求的不断增加及生鲜农产品电子商务的快速发展,冷链物流网络多目标优化问题将持续成为该领域关注的重点及热点问题,科学地解决其发展过程中存在的难题势在必行。本研究对生鲜农产品冷链物流网络 LRIP 多目标优化问题的理论基础、优化模型、算法的改进及应用进行了研究,但仅仅是一些有价值的尝试,该领域仍有许多复杂性问题有待进一步探索与研究。这些问题主要包括:

(1)考虑多种约束条件的冷链物流 LRIP 多目标优化问题研究,如考虑多品种、多车型、多温共配、多式联运、多车场、开放式车场、模糊时间窗、模糊需求等约束条件的研究;随着客户维权意识的不断增加,生鲜农产品的配送超过预定时间或质量发生变质时,由于客户拒收或更换产品等不确定性因素而产生的逆向物流及闭环供应链等问题的研究。在研究此类问题时还需要考虑到不同的库存决策、车辆开门次数、司机驾驶习惯、惩罚司机、路况等对其产生的影响;随着相关因素的不断增加,构建模型的难度也会逐渐加大,为了使得模型更加贴近企业发展的实际情况,需要减少所构建模型的假设部分,增加相应的约束条件。而针对该类模型的设计或改进相应的算法也将成为未来研究的重要趋势,尤其是随着数据量的不断加大,目标空间的维数不断增加时的高维多目标优化问题研究。

(2)考虑各地不同政策及不同领域的低碳冷链物流网络 LRIP 多目标优化问题研究,如结合我国国情制定的碳排放政策法规及地方政策来研究不同产品的冷链物流网络多目标优化问题;同时在研究该类问题时加入客户的时间窗、环保意识、行为偏好、社会福利、环境公平等因素。

(3)结合全仿真技术及优化技术实现对冷链物流网络 LRIP 多目标问题的系统优化研究。由于采用数学规划法对 LRIP 多目标优化问题进行分析时,抽象和假设往往难以准确地反映物流系统的实际情况,如道路流量及交通堵塞情况等即时交通信息,如果一一列出数量众多的限制条件,会使得求解过程变得非常复杂,难以求出最优解。现有研究多是在算例中用数值仿真来验证模型及优化算法的可行性及有效性,并没有对整个冷链物流过程进行仿真建模;如果采用全仿真软件或技术,例如 ExtendSim 软件,可以实现对物流过程的更全面的优化。因此,未来采用优化技术与全仿真技术相结合的方法求解 LRIP 多目标优化问题将会成为研究的主要趋势。

参 考 文 献

［1］中华人民共和国国家标准：物流术语（GB/T18354-2006）［S］.北京：中国标准出版社，2007.

［2］汪旭晖，张其林.基于物联网的生鲜农产品冷链物流体系构建：框架、机理与路径［J］.南京农业大学学报：社会科学版，2016，16（1）：31-41.

［3］YU M，NAGURNEY A. Competitive food supply chain networks with application to fresh produce［J］. European Journal of Operational Research，2013（224）：273-282.

［4］何明珂.物流系统论［M］.北京：高等教育出版社，2004：4-6.

［5］夏春玉，王之泰.现代物流概论［M］.北京：北京经济学院出版社，2003：5-7.

［6］曹玉姣，汤中明.基于自组织的城市群物流共生系统演化动因分析［J］.商业经济研究，2018（2）：73-76.

［7］周熙登.基于自组织的农产品物流系统战略协同演化［J］.中国流通经济，2015（6）：46-52.

［8］邬文兵，王俣含，王树祥，等.我国农产品物流系统自组织演化研究——前提、诱因、动力和路径［J］.经济问题探索，2017（12）：42-49.

［9］王俣含.新型城镇化背景下我国农产品物流系统演化研究［D］.北京：北京交通大学，2019：6.

［10］郑捷.耗散结构理论下区域物流系统演化机理研究［J］.商业经济研究，2020（21）：111-114.

［11］吴群，程浩.平台型电商企业物流生态系统协同演化研究［J］.江西社会科学，2019（12）：199-207.

［12］吴亚超，周凌云，范钦满，等.区域物流生态系统耗散结构演化机理及过程调控分析［J］.生态经济，2017，33（10）：86-88，99.

［13］范钦满，周凌云，樊俊杰，等.区域物流生态系统协同演化模型及稳定性分析［J］.统计与决策，2019（9）：47-51.

［14］贺盛瑜，马会杰.农产品冷链物流生态系统的演化机理［J］.农村经济，2016（10）：114-117.

［15］邱莹.北京市食品冷链物流时空演化研究［D］.北京：北京交通大学，2016：6.

［16］HEUTZ A，BEZIAT A. The parcel industry in the spatial organization of logistics activities in the Paris region：inherited spatial patterns and innovations in urban logistics systems［J］. Transportation Research Procedia，2016（12）：812-824.

[17] PATIERA D, ROUTHIER J L. Urban logistics in the light of sustainable development: still a long way to go [J]. Transportation Research Procedia, 2020 (46):93-100.

[18] BARILLA D, CARLUCCI F, CIRÀ A, et al. Total factor logistics productivity: a spatial approach to the italian regions[J]. Transportation Research Part A: Policy and Practice, 2020(136):205-222.

[19] SAKAI T, KAWAMURA K, HYODO T. Logistics facilities for intra and inter-regional shipping: spatial distributions, location choice factors, and externality [J]. Journal of Transport Geography, 2020(86):102783.

[20] MIYASHITA K. Comparative empirical analysis of total logistics power in the main countries and regions, centred on Asia: from the Japanese perspective[J]. The Asian Journal of Shipping and Logistics, 2018, 34(4): 279-288.

[21] LAN S, TSENG M L, YANG C, et al. Trends in sustainable logistics in major cities in China[J]. Science of The Total Environment, 2020(712):136381.

[22] SONG Y, YEUNG G, ZHU D L, et al. Efficiency of logistics land use: the case of yangtze river economic belt in china, 2000-2017 [J]. Journal of Transport Geography, 2020(88):102851.

[23] LEE L H, SHEN Z J. Supply chain and logistics innovations with the belt and road initiative[J]. Journal of Management Science and Engineering, 2020, 5(2): 77-86.

[24] WU J, HAASIS H D. The freight village as a pathway to sustainable agricultural products logistics in China[J]. Journal of Cleaner Production, 2018, 196(20):1227-1238.

[25] BOLOUKIAN R, SIEGMANN J. Urban Logistics: a key for the airport-centric development-a review on development approaches and the role of urban logistics in comprehensive airport-centric planning [J]. Transportation Research Procedia, 2016(12):800-811.

[26] MEHMANN J, TEUTEBERG F. The fourth-party logistics service provider approach to support sustainable development goals in transportation-a case study of the German agricultural bulk logistics sector[J]. Journal of Cleaner Production, 2016, 126(10): 382-393.

[27] ISSAOUI Y, KHIAT A, BAHNASSE A, et al. Smart logistics: study of the application of blockchain technology[J]. Procedia Computer Science, 2019(160): 266-271.

[28] 唐凯,杨超,杨君. 通货膨胀下的联合库存选址模型研究[J]. 管理学报, 2009(1):24-30.

[29] TANSEL C B, FRANCIS L R, LOWE J T. Location on networks: a survey. Part I: the P-center and P-median problems[J]. Management Science, 1983, 29(4):482-497.

[30] GAREY M R, JOHNSON DS. Computers and intractability: a guide to the theory of NP-completeness[M]. San Francisco: Freeman, 1979.

[31] MEGIDDO N, SUPOWIT K J. On the complexity of some common geometric location problems[J]. Siam Journal on Computing, 1984(13): 182-196.

[32] DASKIN S M. Network and discrete location: models, algorithms, and applications [M]. New York: John Wiley & Sons, Inc. , 1995.

[33] BADER M. The transposition median problem is NP-complete[J]. Theoretical Computer Science, 2011(412): 1099-1110.

[34] NOZICK T, TURNQUIST M. A two-echelon inventory allocation and distribution center location analysis [J]. Transportation Research, 2001, 37(6): 425-441.

[35] SHEN Z J, COULLARD M, DASKIN C R. A joint location-inventory model [J]. Transportation Science, 2003, 37(1): 40-55.

[36] EPPEN H. Effects of centralization on expected costs in a multi-location newsboy problem [J]. Management Science, 1979(5): 498-501.

[37] ZHANG Y, SNYDER L V, QI M Y, et al. A heterogeneous reliable location model with risk pooling under supply disruptions[J]. Transportation Research Part B, 2016(83): 151-178.

[38] DASKIN M S, COULLARD CR, SHEN Z J. An inventory-location model: formulation, solution algorithm and computational results [J]. Annals of Operations Research, 2002, 110(4): 83-106.

[39] GUERRERO W J, PRODHON C, VELASCO N, et al. Hybrid heuristic for the inventory location-routing problem with deterministic demand [J]. Production Economics, 2013(146): 359-370.

[40] TANCREZ J S, LANGE J C, SEMAL P. A Location-inventory model for large three-level supply chains[J]. Transportation Research Part E, 2012(48): 485-502.

[41] AMIR A J, POOYA H. Incorporating location, inventory and price decisions into a supply chain distribution network design problem [J]. Computers & Operations, 2015(56): 110-119.

[42] ESCALONA P, ORDÓEZ F, MARIANOV V. Joint location-inventory problem with differentiated service levels using critical level policy[J]. Transportation Research Part E, 2015(83): 141-157.

[43] QU H, WANG L, LIU R. A contrastive study of the stochastic location-inventory problem with joint replenishment and independent replenishment [J]. Expert Systems with Applications, 2015(42): 2061-2072.

[44] DIABAT A, THEODOROU E. A location-inventory supply chain problem: reformulation and piecewise linearization [J]. Computers & Industrial Engineering,

2015(90):381-389.

[45] PUGA M S, TANCREZ J S. A heuristic algorithm for solving large location-inventory problems with demand uncertainty [J]. European Journal of Operational Research, 2016(10):1-32.

[46] MOUSAVI S M, ALIKAR N, NIAKI S T A, et al. Optimizing a location allocation-inventory problem in a two-echelon supply chain network: A modified fruit fly optimization algorithm[J]. Computers & Industrial Engineering, 2015(87):543-560.

[47] JAVAD A N, ZAHIRI B, ALI B A, et al. A dynamic closed-loop location-inventory problem under disruption risk [J]. Computers & Industrial Engineering, 2015(90): 414-428.

[48] ZHANG Z H, UNNIKRISHNAN A. A coordinated location-inventory problem in closed-loop supply chain [J]. Transportation Research Part B, 2016(89):127-148.

[49] SHAHABI M, UNNIKRISHNAN A, EHSAN J S, et al. A three level location-inventory problem with correlated demand[J]. Transportation Research Part B, 2014(69):1-18.

[50] 舒彤,王改改,汪寿阳,等.基于 RFID 技术投资医药冷链配送中心选址—库存研究[J].科技管理研究,2016(20):220-225.

[51] 姜大立,杜文,张拥军.易腐物品物流配送中心选址的遗传算法[J].西南交通大学学报,1998,8(4):425-429.

[52] 姜大立,杨西龙.易腐物品配送中心连续选址模型及其遗传算法[J].系统工程理论与实践,2003,23(2):62-67.

[53] 丁雪枫,马良,丁雪松.基于模拟植物生长算法的易腐物品物流中心选址[J].系统工程,2009,27(2):96-101.

[54] 杨珺,王玲,郑娜,等.多用途易腐物品配送中心选址问题研究[J].中国管理科学,2011,19(1):91-99.

[55] 狄卫民,岳耀雪,陈国民.有配送能力限制的易腐农产品配送中心选址方法[J].计算机应用研究,2013,30(1):202-205.

[56] 苏兵,包乐,程新峰.腐败率线性可变的易腐品配送中心选址模型与计算[J].统计与决策,2015(8):45-47.

[57] 杨浩雄,黎宏,杜巍,等.基于两级配送的易腐乳品配送中心选址研究[J].计算机工程与应用,2015,51(23):239-245.

[58] YU J C P, WEE H M, WANG K J. Supply chain partnership for three-echelon deteriorating inventory model [J]. Journal of Industrial and Management Optimization, 2008, 4(4):827-842.

[59] WANG K J, LIN Y S, YU J C P. Optimizing inventory policy for products with

time-sensitive deteriorating rates in a multi-echelon supply chain[J]. Production Economics，2011(130)：66-76.

[60] YAN C Y, BANERJEE A, YANG L B. An integrated production-distribution model for a deteriorating inventory item [J]. International Journal of Production Economics，2011,133(1)：228-232.

[61] LIN S W. Inventory models with managerial policy independent of demand [J]. European Journal of Operational Research，2011(211)：520-524.

[62] CHANG C T, TENG J T, GOYAL S K. Optimal replenishment polices for non-instantaneous deteriorating items with stock-dependent demand[J]. International Journal of Production Economics，2010(123)：62-68.

[63] YANG H L. Two-warehouse partial backlogging inventory models with three-parameter Weibull distribution deterioration under inflation [J]. International Journal of Prodution Economics，2012(138)：107-116.

[64] 王道平,于俊娣,李向阳. 变质率呈 Weibull 分布的易变质物品的 EOQ 模型研究 [J]. 工业工程，2011, 14(1)：72-76.

[65] 王淑云,姜樱梅,王宪杰. 变质率呈 Weibull 分布的一体化三级冷链库存策略研究 [J]. 管理工程学报,2015,29(2)：229-239.

[66] 王淑云,姜樱梅,王宪杰. 农产品冷链三级库存一体化策略研究[J]. 中国管理科学,2016,24(2)：108-114.

[67] 傅成红,符卓. 库存路径问题及其最新进展[J]. 计算机应用,2010,30(2)：453-457.

[68] WENDY W Q, BOOKBINDER J H, IYOGUN P. An integrated inventory-transportation system with modified periodic policy for multiple products[J]. European Journal of Operational Research，1999, 11 (5)：254-269.

[69] VISEANATHAM S. Integrating routing and inventory decision in one-warehouse multiretailer multiproduct distribution systems[J]. Management Science，1997 (3)：294-312.

[70] SHLOMI D, FITOUSSI H. Masking traveling beams：optical solutions for NP-complete problems,trading space for time[J]. Theoretical Computer Science,2010 (411)：837-853.

[71] BELL W, DALBERTO L, FISHER M L, et al. Improving the distribution of industrial gases with an on-line computerized routing and scheduling optimizer[J]. Interfaces，1983, 13 (6)：4-23.

[72] BERTAZZIL L. Analysis of direct shipping policies in an inventory-routing problem with discrete shipping time [J]. Management Science，2008，54 (4)：748-762.

[73] ANILY S, FEDERGRUEN, A. Two-echelon distribution systems with vehicle

routing costs and central inventories[J]. Operations Research, 1993(41):37-47.

[74] JAIRO R. MONTOYA T, FRANCO J L, et al. A literature review on the vehicle routing problem with multiple depots[J]. Computers & Industrial Engineering, 2015(79):115-129.

[75] 邹鹏,周智,陈国良,等. 求解 TSP 问题的多级归约算法[J]. 软件学报,2003,14 (1):35-42.

[76] HUANG S H. Solving the multi-compartment capacitated location routing problem with pickup-delivery routes and stochastic demands[J]. Computers & Industrial Engineering, 2015(87):104-113.

[77] LI J,CHEN H,FENG C. Performance evaluation of distribution strategies for the inventory routing problem[J]. European Journal of Operational Research,2010, 202(2):412-149.

[78] MJIRDA A, JARBOUI B, MACEDO R, et al. A two phase variable neighborhood search for the multi-product inventory routing problem [J]. Computers & Operations Research, 2014(52):291-299.

[79] MARINAKIS Y. An improved particle swarm optimization algorithm for thecapacitated location routing problem and for the location routing problem with stochastic demands[J]. Applied Soft Computing, 2015(37): 680-701.

[80] LOPES R B, FERREIRA C, SANTOS B S. A simple and effective evolutionary algorithm for the capacitated location-routing problem [J]. Computers & Operations Research, 2016(70):155-162.

[81] VANSTEENWEGEN P,MATEO M. An iterated local search algorithm for the single-vehicle cyclic inventory routing problem [J]. European Journal of Operational Research, 2014(237):802-813.

[82] HEMMATI A, HVATTUM L M, CHRISTIANSEN M, et al. An iterative two-phase hybrid matheuristic for a multi-product short sea inventory-routing problem [J]. European Journal of Operational Research, 2016(252):775-788.

[83] SANTOS E, OCHI L S, SIMONETTI L, et al. A hybrid heuristic based on iterated local search for multivehicle inventory routing problem[J]. Electronic Notes in Discrete Mathematics, 2016(52):197-204.

[84] 赵达,李军,马丹祥,等. 随机需求库存—路径问题最优策略及其算法[J]. 管理科学学报,2014,17(5):14-24.

[85] 赵达,李军,马丹祥,等. 求解硬时间窗约束下随机需求库存—路径问题的优化算法[J]. 运筹与管理,2014,23(1):26-32.

[86] 葛显龙,辜羽洁,王伟鑫. 供应链环境下的库存与运输整合优化模型及算法[J]. 系统工程,2014,32(1):26-32.

[87] 王海军,杜丽敬,胡蝶,等.不确定条件下的应急物资配送选址—路径问题[J].系统管理学报,2015,24(6):828-834.

[88] FEDERGRUEN A, ZIPKIN P. A combined vehiche routing and inventory allocation problem[J]. Operation Research,1984, 32(5):1019-1036.

[89] GUMASTA K, CHAN F, TIWARI M K. An incorporated inventory transport system with two types of customers for multiple perishable goods [J]. International Journal of Production Economics,2012, 139(2):678-686.

[90] KANCHANA K, TECHANITISAWAD A. An approximate periodic model for fixed-life perishable products in a two-echelon inventory-distribution system[J]. International Journal of Production Economics,2006, 100(100):101-115.

[91] CHEN H K, HSUEH C F, CHANG M S. Production scheduling and vehicle routing with time windows for perishable food products [J]. Computers & Operations Research,2009, 36(7):2311-2319.

[92] AZADEH S, ELAHI M, FARAHANI H, et al. A genetic algorithm-taguchi based approach to inventory routing problem of a single perishable product with transshipment[J]. Computers & Industrial Engineering, 2017(104):124-133.

[93] AGUSTINA D, LEE C K M, PIPLANI R. Vehicle scheduling and routing at a cross docking center for food supply chains[J]. Int. J. Production Economics,2014 (152):29-41.

[94] NIAKAN F, RAHIMI M. A multi-objective healthcare inventory routing problem: a fuzzy possibilistic approach[J]. Transportation Research Part E, 2015 (80):74-94.

[95] SOYSAL M. Closed-loop Inventory Routing Problem for returnable transport items[J]. Transportation Research Part D, 2016(48):31-45.

[96] 刘静,贾涛,吉哲.允许订单延后的易腐品库存—路径问题研究[J].统计与决策,2011(20):42-46.

[97] 贾涛,刘静,陈方婕.异质车辆配送可重复装货易腐品库存—路径模型[J].工业工程与管理,2012,17(4):15-20.

[98] 贾涛,刘静,徐渝.考虑路径腐败的可重复装货易腐品库存—路径模型[J].运筹与管理,2012,21(5):1-7.

[99] NADIZADEH A, SAHRAEIAN R, SABZEVARI Z A, et al. Using greedy clustering method to solve capacitated location-routing problem [J]. African Journal of Business Management,2011,5(7):7499-7506.

[100] MIN H, JAYARAMAN V, SRIVASTAVA R. Combined location routing problems: a synthesis and future research directions[J]. European Journal of Operational Research, 1998(108):1-15.

[101] ZHANG Y, QI M Y, LIN W H, et al. A metaheuristic approach to the reliable location routing problem under disruptions[J]. Transportation Research Part E, 2015(83):90-110.

[102] GOODARZI A H ,ZEGORDI S H. A location-routing problem for cross-docking networks: a biogeography-based optimization algorithm [J]. Computers & Industrial Engineering,2016(102):132-146.

[103] LAU H C W, JIANG Z Z, IP W H, et al. A credibility-based fuzzy location model with hurwicz criteria for the design of distribution systems in B2C e-commerce[J]. Comuters & Industrial Engineering,2010,59(4):873-886.

[104] ZARANDI M H F, HEMMATI A, DAVARI S, et al. Capacitated location-routing problem with time windows under uncertainty[J]. Knowledge-Based Systems,2013,2(37):480-489.

[105] 张晓楠,范厚明,李剑锋. 变动补偿的多模糊选址—路径机会约束模型及算法 [J]. 系统工程理论与实践,2016,36(2):442-453.

[106] TORFI F, FARAHANI R Z, MAHDAVI I. Fuzzy MCDM for weight of object's phrase in location routing problem[J]. Applied Mathematical Modelling,2016 (40):526-541.

[107] TING C J, CHEN C H. A multiple ant colony optimization algorithm for capacitated location routing problem[J]. Int. J. Production Economics,2013 (141):34-44.

[108] MARINAKIS Y. An improved particle swarm optimization algorithm for the capacitated location routing problem and for the location routing problem with stochastic demands[J]. Applied Soft Computing, 2015(37):680-701.

[109] HEMMELMAYR V C. Sequential and parallel large neighborhood search algorithms for the periodic location routing problem[J]. European Journal of Operational Research,2015(243):52-60.

[110] YU V F, LIN S W. Multi-start simulated annealing heuristic for the location routing problem with simultaneous pickup and delivery [J]. Applied Soft Computing, 2014(24):284-290.

[111] PONBOON S, QURESHI A G, TANIGUCHI E. Evaluation of cost structure and impact of parameters in location routing problem with time windows[J]. Transportation Research Procedia, 2016(12): 213-226.

[112] PRODHON C, PRINS C. A survey of recent research on location-routing problems[J]. European Journal of Operational Research,2014(238):1-17.

[113] YAKICI E. Solving location and routing problem for UAVs[J]. Computers & Industrial Engineering, 2016(102):294-301.

[114] MOHAMMAD M J, LEE S. The latency location-routing problem[J]. European Journal of Operational Research, 2016(255):604-619.

[115] 罗耀波,孙延明,廖鹏.带退货和软时间窗的多仓库选址—路径问题研究[J].运筹与管理,2014,23(5):78-85.

[116] 杨珺,冯鹏祥,孙昊,等.电动汽车物流配送系统的换电站选址与路径优化问题研究[J].中国管理科学,2015,23(9):87-96.

[117] 周林,林云,王旭,等.网购城市配送多容量终端选址与多车型路径多目标优化[J].计算机多目标制造系统,2016,22(4):1139-1147.

[118] CESELLI A, RIGHINI G, TRESOLDI E. Combined location and routing problems for drug distribution[J]. Discrete Applied Mathematics, 2014(165):130-145.

[119] 石兆,符卓.时变网络条件下带时间窗的食品冷链配送定位—运输路径优化问题[J].计算机应用研究,2013,30(1):183-188.

[120] LIU S C, LEE S B. A two-phase heuristic method for the multi-depot location routing problem taking inventory control decisions into consideration[J]. International Journal Advanced Manufacturing Technology,2003,22(11):941-950.

[121] LIU S C, LIN C C. A heuristic method for the combined location routing and inventory problem[J]. International Journal Advanced Manufacturing Technology, 2005, 26(4):372-381.

[122] SHEN Z J M, QI L. Incorporating inventory and routing costs in strategic location models[J]. European Journal of Operational Research,2007, 179(2):372-389.

[123] ZHANG Y, QI M Y, MIAO L X, et al. Hybrid metaheuristic solutions to inventory location routing problem[J]. Transportation Research Part E, 2014(70):305-323.

[124] NEKOOGHADIRLI N, MOGHADDAM R T, GHEZAVATI V R, et al. solving a new bi-objective location-routing-inventory problem in a distribution network by meta-heuristics[J]. Computers & Industrial Engineering, 2014(76):204-221.

[125] MOGHADDAM R T, RAZIEI Z. A new bi-objective location-routing-inventory problem with fuzzy demands[J]. IFAC-Papers OnLine , 2016 (49):1116-1121.

[126] JUAN R R, GAMACHE M, LANGEVIN A. Location arc routing problem with inventory constraints[J]. Computers & Operations Research,2016(76):84-94.

[127] GHORBANI A, JOKAR M R A. A hybrid imperialist competitive-simulated annealing algorithm for a multisource multi-product location-routing-inventory problem[J]. Computers & Industrial Engineering, 2016(101):116-127.

[128] 崔广彬,李一军.基于双层规划的物流系统多目标定位—运输路线安排—库存问

题研究[J].系统工程理论与实践,2007,27(6):49-55.

[129] 吕飞,李延晖.备件物流系统选址库存路径问题模型及算法[J].工业工程与管理,2010,15(1):82-86.

[130] 王超峰,帅斌.带有横向调度的维修备件选址库存路径问题研究[J].计算机工程与应用,2013,49(14):10-14.

[131] 杜丽敬,李延晖.选址—库存—路径问题模型及其多目标优化算法[J].运筹与管理,2014,23(4):70-79.

[132] 代颖,马祖军,朱道立.回收商管理库存下逆向物流多周期LRIP[J].工业工程与管理,2010,15(5):1-6.

[133] 李昌兵,张斐敏.多目标选址—路径—库存问题的逆向物流网络优化[J].计算机多目标制造系统,2014,20(7):1793-1798.

[134] 乔佩利,王娜.电子商务供应链逆向物流的LIRP问题研究[J].哈尔滨理工大学学报,2016,21(2):28-31.

[135] 唐金环,戢守峰,朱宝琳.考虑碳配额差值的选址—路径—库存多目标问题优化模型与算法[J].中国管理科学,2014,22(9):114-122.

[136] 唐金环,戢守峰,姜力文,等.顾客有限"碳行为"偏好对选址—路径—库存联合优化的影响[J].中国管理科学,2016,24(7):111-119.

[137] 缪小红,周新年,林森,等.第三方冷链物流配送路径优化研究[J].运筹与管理,2011,20(4):32-38.

[138] HIASSAT A, DIABAT A, RAHWAN I. A genetic algorithm approach for location-inventory-routing problem with perishable products [J]. Journal of Manufacturing Systems, 2017(42):93-103.

[139] 肖晓伟,肖迪,林锦国,等.多目标优化问题的研究概述[J].计算机应用研究,2011,28(3):805-827.

[140] 公茂果,焦李成,杨咚咚,等.进化多目标优化算法研究[J].软件学报,2009,20(2):271-289.

[141] 褚斌杰.诗经与楚辞[M].北京:北京大学出版社,2002:83.

[142] 杨天宇.周礼(译注)[M].上海:上海古籍出版社,2004:66.

[143] 王敬南.范鑫养鱼经作者的探讨[J].大连水产学院学报,1992,6(6):44-47.

[144] KREYENSCHMIDT J, CHRISTLANSEN H. A novel photo chromic time-temperature indicator to support cold chain management[J]. International Journal of Food Science & Technology,2010,45(2):208-215.

[145] 李康,郑建国,伍大清.生鲜农产品冷链管理及关键技术研究进展[J].食品与机械,2015,31(6):233-237.

[146] BOGATAJ M, BOGATAJ L, VODOPIVEC R. Stability of perishable goods in cold logistic chains[J]. International Journal of Production Economics,2005(1):

345-356.

[147] 申江,刘斌.冷藏链现状及进展[J].制冷学报,2009,30(6):20-25.

[148] 徐宏峰,张言彩,郑艳民.冷链物流研究现状及未来的发展趋势[J].生态经济,2012(5):141-150.

[149] 谢晶,邱伟强.我国食品冷藏链的现状及展望[J].中国食品学报,2013,13(3):1-7.

[150] 李康,郑建国,伍大清.生鲜农产品冷链物流配送干扰管理研究的思考[J].江苏农业科学,2015,43(11):588-591.

[151] KASSIANENKO A, WSZOL K. The cold chain one link in Canada is food safety initiatives[J]. Food Control, 2006(3):237-239.

[152] JAMES S J, JAMES C, EVANS J A. Modeling of food transportation systems a review. International Journal of Refrigeration,2006,29(6):947-957.

[153] CHEN Y Y, WANG Y J, JAN J K. A novel deployment of smart cold chain system using 2G-RFID-Sys[J]. Journal of Food Engineering, 2014,141(5):113-121.

[154] KUN J C, CHEN M C. Developing an advanced multi-temperature joint distribution system for the food cold chain[J]. Food Control,2010(21): 559-566.

[155] 孙金萍.预冷及转运环节对冷链运输影响的研究[J].制冷学报,1997(4):47-51.

[156] 谢如鹤.易腐食品贮运技术[M].北京:中国铁道出版社,1998:8.

[157] 王之泰.冷链——从思考评述到定义[J].中国流通经济,2010(9):15-17.

[158] FRANCOIS. New development in the cold chain: specific issues in the warm countries[J]. Ecolibrium, 2003(7):10-14.

[159] SINGH S P, SINGH B. Performance comparison of thermal insulated packaging boxes, bags and refrigerants for single-parcel shipments [J]. Packaging Technology and Science, 2008, 21(1):25-35.

[160] 吕峰,林勇毅.我国食品冷链的现状与发展趋势[J].福建农业大学学报:自然科学版,2010,29(1):115-117.

[161] 张英奎,徐广军,邹月华.食品冷藏供应链的质量管理[J].中国物资流通,2001(22):29-30.

[162] 冉宝松.《农产品冷链物流发展规划》出台[J].中国物流与采购,2010(16):24-26.

[163] 宋晨,刘宝林,董庆利.冷冻食品货架期研究现状及发展趋势[J].食品科学,2010,31(1):258-261.

[164] 李志新,胡松青,陈玲,等.食品冷冻理论和技术的进展[J].食品工业科技,2007,28(6):223-225.

[165] 朱道立,龚国华,罗齐.物流和供应链管理[M].上海:复旦大学出版社,2001:25.

[166] 王之泰.现代物流管理[M].北京:中国工人出版社,2001:32.

[167] 缪立新,纪寿文,刘庆. 物流软件操作[M]. 深圳:海天出版社,2004:11.

[168] 徐杰,鞠颂东. 物流网络的内涵分析[J]. 北京交通大学学报:社会科学版,2005,4(2):22-26.

[169] 鞠颂东,徐杰. 物流网络理论及其研究意义和方法[J]. 中国流通经济,2007,8(1):10-13.

[170] 龚树生,梁怀兰. 生鲜食品的冷链物流网络研究[J]. 中国流通经济,2006(2):7-9.

[171] NICOLIS G, PRIGOGINE I. Self-organisation in non-equilibrium systems: from dissipative structures to order through fluctuate[J]. John Wiley & Sons,1977,110(50):394-404.

[172] HAKEN H. Information and self-organization a macroscopic approach to complex systems[J]. Berlin& New York:Springer-Verlag, 2000,57(10):958-959.

[173] VICSEK T, ZAFEIRIS A. Collective motion[J]. Physics Reports,2012,517(3-4):71-140.

[174] DOURSAT R. The myriads of a life: importing complex systems and self-organization into engineering[C]. IEEE,2011:1-8.

[175] POSTON T, STEWART I. Catastrophe theory and its application[M]. London:Pitman Press,1978:26-28.

[176] WESSELBAUM D. Catastrophe theory and the financial crisis[J]. Scottish Journal of Political Economy,2017,64(4):376-391.

[177] LAI S K, HAN H Y, Ko P. Are cities dissipative structures? [J]. International Journal of Urban Sciences,2013,17(1):46-55.

[178] KRIPPNER S, COMBS A. Self-organization in the dreaming brain[J]. Journal of Mind & Behavior,2000,21(4):399-412.

[179] LIENING A. Synergetics fundamental attributes of the theory of self-organization and its meaning for economics[J]. Modern Economy,2014,5(8):841-847.

[180] LUMMUS R R, VOKURKA R J. Defining supply chain management: a historical perspective and practical guidelines[J]. Industrial Management & Data Systems,1999,99(1):11-17.

[181] 刘丽文. 供应链管理思想及其理论和方法的发展过程[J]. 管理科学学报,2003,6(2):81-88.

[182] 大卫·辛奇·利维,菲利普·卡明斯基,伊迪斯·辛奇·利维. 供应链设计与管理[M]. 季建华,邵晓峰,译. 北京:中国人民大学出版社,2013:1-3.

[183] LEE H L, BILLINGTON C. Managing supply chain inventory: pitfalls and opportunities[J]. Sloan Management Review, 1992,33(3):65-73.

[184] SIMON C. Supply chain management:an analytical framework for critical literature review[J]. European Joural of Purchasing and Supply Management,2000(6):67-83.

[185] 赵先德,谢金星. 现代供应链管理的几个基本概念[J]. 南开管理评论,1999,2(1):62-66.

[186] COPACINO W C. Supply chain management the basics and beyond[M]. Boston：The St Lucie Press, 1997.

[187] 马士华,林勇. 供应链管理[M]. 北京:高等教育出版社,2015:5.

[188] FISHER, M. What is the right supply chain for your product[J]. Harvard Business Review, 1997, 75(3-4):105-116.

[189] 杰拉德·卡桑,克里斯蒂安·特维施,任建标. 运营管理——供需匹配的视角[M]. 北京:中国人民大学出版社,2013:14-15.

[190] 王述英,王青,刘彦平. 西方物流理论发展与比较[J]. 南开经济研究,2004(2):107-112.

[191] 张志勇,刘心报. 对物流几个基本概念问题的认识[J]. 中国流通经济,2013(2):39-45.

[192] 王之泰. 第三利润源——物流管理[J]. 经济与管理研究,1981(2):93-96.

[193] LIEB R C,MILLEN R, VAN WASSENHOVE L N. Third party logistics services：a comparison of experienced american and european manufactures[J]. International Journal of Physical Distribution & Logistics Management,1993,23(6):35-44.

[194] FLEISCHMANN M, BEULLENS P, BLOEMHOF J M, et al. The impact of product recovery on logistics network design [J]. Production and Operations Management,2001,10(2):156-173.

[195] VAHDANI B, TAVAKKOLI R M, MODARRES M, et al. Reliable design of a forward/ reverse logistics network under uncertainty：a robust-M/M/c queuing model [J]. Transportation Research Part E：Logistics and Transportation Review,2012,48(6):1152-1168.

[196] 李美羽,王喜富,张喜,等. 我国现代物流理论体系模块化框架构建[J]. 商业经济与管理,2015,10:5-15.

[197] 徐寿波. 大物流论[J]. 中国流通经济,2005(5):4-7.

[198] 王之泰. 物流科学的理论体系[J]. 中国储运,1992(1):45-47.

[199] 何明珂. 物流系统论[M]. 北京:高等教育出版社,2004:115-142,211-233.

[200] 徐杰,鞠颂东. 对物流学学科体系的思考[J]. 北京交通大学学报:社会科学版,2003(4):31-34.

[201] 赵志田,何永达,杨坚争. 农产品电子商务物流理论构建及实证分析[J]. 商业经济与管理,2014(7):14-21.

[202] HU K Y, CHANG T S. An innovative automated storage and retrieval system for B2C e-commerce logistics [J]. The International Journal of Advanced Manufacturing Technology, 2010, 48 (1):297-305.

[203] YU Y, WANG X, ZHONG R Y, et al. E-commerce logistics in supply chain management：practice perspective[J]. Procedia Cirp,2016(52)：179-185.

[204] 李永先,胡祥培,熊英. 物流系统仿真研究综述[J]. 系统仿真学报,2007,19(7)：1411-1416.

[205] 傅英定,成孝予,唐应辉. 最优化理论与方法[M]. 北京：国防工业出版社,2005：303-305.

[206] 黄平,孟永钢. 最优化理论与方法[M]. 北京：清华大学出版社,2009：3-5.

[207] 林闯,万剑雄,向旭东,等. 计算机系统与计算机网络中的动态优化：模型、求解与应用[J]. 计算机学报,2012,35(7)：1340-1356.

[208] 王勇,蔡自兴,周育人,等. 约束优化进化算法[J]. 软件学报,2009,20 (1)：11-29.

[209] 范成礼,邢清华,付强,等. 求解非线性双层规划问题的混合变邻域粒子群算法[J]. 系统工程理论与实践,2015,35(2)：473-480.

[210] 郭欢,肖新平,FORREST J. 灰色二层多目标线性规划问题及其解法[J]. 控制与决策,2014,29(7)：1193-1198.

[211] 李昌兵,杜茂康,付德强. 基于层次粒子群算法的非线性双层规划问题求解策略[J]. 系统工程理论与实践,2013,33(9)：2292-2298.

[212] 郑宇军,薛锦云,凌海风. 组合优化问题简约与算法推演[J]. 软件学报,2011,22 (9)：1985-1993.

[213] 高海昌,冯博琴,朱利. 智能优化算法求解 TSP 问题[J]. 控制与决策,2006,21 (3)：241-252.

[214] 薛俊杰,王瑛,李浩,等. 一种狼群智能算法及收敛性分析[J]. 控制与决策,2016,31(12)：2131-2139.

[215] 胡运权. 运筹学教程[M]. 北京：清华大学出版社,2012：25-27.

[216] 姚锋,邢立宁,李菊芳,等. 求解双层 CARP 优化问题的知识型遗传算法[J]. 系统工程理论与实践,2014,34(1)：239-247.

[217] 郎茂祥,胡思继. 用混合遗传算法求解物流配送路径优化问题的研究[J]. 中国管理科学,2002,10(5)：51-56.

[218] COELLO C A. Evolutionary multi-objective optimization：a historical view of the field[J]. Computational Intelligence Magazine,IEEE,2006,1(1)：28-36.

[219] GOKHAN K, SAYIN S. A new algorithm for generating all nondominated solutions of multiobjective discrete optimization problems[J]. European Journal of Operational Research,2014(232) ：479-488.

[220] ALLMENDINGER R, HANDL J, KNOWLES J. Multiobjective optimization：when objectives exhibit non-uniform latencies[J]. European Journal of Operational Research, 2015(243)：497-513.

[221] 沈华嵩. 经济系统的自组织理论[M]. 北京：中国社会科学出版社,1991：12-15.

[222] 中国物流与采购联合会. 中国物流发展报告（2008—2009）[M]. 北京：中国物资出版社,2009:50-51.

[223] 毋庆刚. 我国冷链物流发展现状与对策研究[J]. 中国流通经济,2011(2):24-28.

[224] 王磊,但斌. 考虑零售商保鲜和消费者效用的生鲜农产品供应链协调[J]. 运筹与管理,2015,24(5):44-51.

[225] ZARANDI M H F, HEMMATI A, DAVARI S. The multi-depot capacitated location-routing problem with fuzzy travel times[J]. Expert Systems with Applications,2011,38(8):10075-10084.

[226] 李琳,范体军. 零售商主导下生鲜农产品供应链的定价策略对比研究[J]. 中国管理科学,2015(12):115-125.

[227] WEN L, EGLESE R. Minimum cost VRP with time-dependent speed data and congestion charge[J]. Computers & Operations Research, 2015(56):41-50.

[228] RAHMATI S H A, AHMADI A, SHARIFI M, et al. A multi-objective model for facility location-allocation problem with immobile servers within queuing framework[J]. Computers & Industrial Engineering, 2014,74(4):1-10.

[229] GOVINDAN K, JAFARIAN A, KHODAVERDI R, et al. Two-echelon multiple-vehicle location-routing problem with time windows for optimization of sustainable supply chain network of perishable food[J]. International Journal Production Economics, 2014, 152(9):9-28.

[230] 周根贵,曹振宇. 遗传算法在逆向物流网络选址问题中的应用研究[J]. 中国管理科学,2005,13(1):42-47.

[231] 代颖,马祖军,刘飞. 基于混合遗传算法的制造/再制造多目标物流网络优化设计[J]. 计算机多目标制造系统,2006,12(11):1853-1859.

[232] 杨浩雄,黎宏,杜巍,等. 基于两级配送的易腐乳品配送中心选址研究[J]. 计算机工程与应用,2015,51(23):239-245.

[233] ALBA E, DORRONSORO B. Computing nine new best-so-far solutions for capacitated VRP with a cellular genetic algorithm[J]. Information Processing Letters, 2006(98):225-230.

[234] 秦进,史峰,裴军. 考虑库存控制的物流网络设计优化模型与算法[J]. 系统工程,2007,25(12):24-29.

[235] 徐小平,朱秋秋. 求解 TSP 的改进模拟退火算法[J]. 计算机系统应用,2015,24(12):152-156.

[236] 傅少川,胡梦飞,唐方成. 禁忌搜索算法在单分配多枢纽轴辐式物流网络中的应用[J]. 中国管理科学,2012,20(3):145-151.

[237] TUZUN D, BURKE L I. A two-phase tabu search approach to the location routing problem[J]. European Journal of Operational Research, 1999(116):87-99.

[238] 秦绪伟,范玉顺,尹朝万. 整车物流网络规划问题的混合粒子群算法研究[J]. 系统工程理论与实践,2006(7):47-53.

[239] KENNEDY J, EBERHART R. A discrete binary version of the particle swarm algorithm[C]. In: Proceeding of the World Multiconference on Systemics, Cybernetics and Informatics, Piscataway NJ: IEEE, 1997: 4104-4109.

[240] QI C M. Application of improved discrete particle swarm optimization in logistics distribution routing problem[J]. Procedia Engineering, 2011(15):3673-3677.

[241] GOKSAL F P, KARAOGLAN I, ALTIPARMAK F. A hybrid discrete particle swarm optimization for vehicle routing problem with simultaneous pickup and delivery[J]. Computers & Industrial Engineering, 2013(65):39-53.

[242] 魏明,靳文舟. 求解车辆路径问题的离散粒子群算法[J]. 计算机科学,2010, 37(4):187-191.

[243] 温惠英,孙博. 协同车辆路径问题的模糊规划模型和算法[J]. 计算机应用研究, 2011,28(2):442-444.

[244] 杨玮,党培,傅卫平,等. 基于多色集合的改进 DPSO 求解进出库调度[J]. 计算机仿真,2015,32(2):395-399.

[245] 张军. 基于多目标定位——运输路线安排问题的废旧家电逆向回收物流网络优化[J]. 计算机应用,2012,32(9):2652-2655.

[246] 王凌. 智能优化算法及其应用[M]. 北京:清华大学出版社,2001:28-31.

[247] 周雅兰,王甲海,印鉴. 一种基于分布估计的离散粒子群优化算法[J]. 电子学报, 2008,36(6):1242-1248.

[248] SHI Y H. Particle swarm optimization[J]. IEEE Connections, 2004,2(1):8-13.

[249] SHI Y H, EBERHART R. A modified particle swarm optimizer[C]. IEEE World Congress on Computational Intelligence,1998:69-73.

[250] 赵霞,窦建平. 求解农产品供应链网络设计问题的混合粒子群算法[J]. 管理工程学报,2013,27(4):169-177.

[251] 伍大清. 基于合作协同演化的微粒群计算及其应用研究[D]. 上海:东华大学,2015.

[252] 周蓉,沈维蕾,刘明周,等. 带时间窗装卸一体化车辆路径问题的混合离散粒子群优化算法[J]. 中国机械工程,2016,27(4):494-502.

[253] LI K, ZHENG J G, WU D Q. A new discrete particle swarm optimization for location inventory routing problem in cold logistics[J]. Revista de la Facultad de Ingeniería, 2016,31(5):89-99.

[254] ZARANDI M, HEMMATI A, DAVARI S. The multi-depot capacitated location-routing problem with fuzzy travel times[J]. Expert Systems with Applications, 2011 (38):10075-10084.

[255] ZARANDI M H F, HEMMATI A, DAVARI S, et al. Capacitated location-routing problem with time windows under uncertainty[J]. Knowledge-Based Systems, 2013(37): 480-489.

[256] 罗耀波, 孙延明. 基于模糊时间窗的带容积约束选址路径问题[J]. 系统工程, 2014, 32(1): 19-25.

[257] 罗耀波, 孙延明, 廖鹏. 带退货和软时间窗的多仓库选址—路径问题研究[J]. 运筹与管理, 2014, 23(5): 78-85.

[258] GONCALVES G, HSU T, XU J. Vehicle routing problem with time windows and fuzzy demands: an approach based on the possibility theory[J]. International Journal of Advanced Operations Management, 2009, 1(4): 312-330.

[259] GONG W, LIU X, ZHANG J, et al. Two-generation ant colony system for vehicle routing problem with time windows[C]//Wireless Communications, Networking and Mobile Computing, International Conference. IEEE, 2007: 1917-1920.

[260] MICHAEL S G, DEVILLE Y, SOLNON C. A multistage stochastic programming approach to the dynamic and stochastic VRPTW[J]. Integration of AI and OR Techniques, 2015, 90(75): 357-374.

[261] IQBAL S, KAYKOBAD M, RAHMAN M. Solving the multi-objective vehicle routing problem with soft time windows with the help of bees[J]. Swarm and Evolutionary Computation, 2015(24): 50-64.

[262] SHI W, WEISE T. An Initialized ACO for the VRPTW[J]. Intelligent Data Engineering and Automated Learning, 2013, 82(6): 93-100.

[263] BALSEIRO S, LOISEAU I, RAMONET J. An ant colony algorithm hybridized with insertion heuristics for the time dependent vehicle routing problem with time windows[J]. Omr and Oraon Rarh, 2011, 38(6): 954-966.

[264] 何小锋, 马良. 带时间窗车辆路径问题的量子蚁群算法[J]. 系统工程理论与实践, 2013, 33(5): 1255-1261.

[265] 邵举平, 曹倩, 沈敏燕, 等. 生鲜农产品配中带时间窗的 VRP 模型与算法[J]. 工业工程与管理, 2015, 20(1): 122-127.

[266] 马向国, 刘同娟, 杨平哲, 等. 基于随机需求的冷链物流车辆路径优化模型[J]. 系统仿真学报, 2016, 28(8): 1824-1832.

[267] 梁承姬, 黄涛, 徐德洪, 等. 改进遗传算法求解带模糊时间窗冷链配送问题[J]. 广西大学学报: 自然科学版, 2016, 41(3): 826-835.

[268] LIU S C, LEE W T. A heuristic method for inventory routing problem with time windows[J]. Expert Systems with Applications, 2011(38): 13223-13231.

[269] 赵达, 李军, 马丹祥, 等. 求解硬时间窗约束下随机需求库存—路径问题的优化算法[J]. 运筹与管理, 2014, 23(1): 26-32.

[270] COLARNI A, DORIGO M, MANIEZZO V. An investigation of some properties of an "ant algorithm"[C]//Parallel Problem Solving from Nature Conference. Belgium: Elsevier Publishing, 1992:509-520.

[271] DORIGO M, GAMBARDELLA L M. Ant colony system: a cooperative learning approach to the traveling salesman problem [J]. IEEE Transactions on Evolutionary Computation,1997,1(1):53 66.

[272] DORIGO M, MANIEZZO V, COLORNI A. Ant system: optimization by a colony of cooperative agents[J]. IEEE Transon Systems, Man, and Cybernetics, 1996, 26(1): 29-41.

[273] 叶志伟,郑肇葆. 蚁群算法中参数 α、β、ρ 设置的研究——以 TSP 问题为例[J]. 武汉大学学报:信息科学版,2004,29(7):597-601.

[274] 黄国锐,曹先彬,王煦法. 基于信息素扩散的蚁群算法[J]. 电子学报,2004,32(5):865-868.

[275] 王振华,章卫国,李广文. 基于改进多目标蚁群算法的无人机路径规划[J]. 计算机应用研究,2009,26(6):2104-2109.

[276] 丁力平,谭建荣,冯毅雄,等. 基于 Pareto 蚁群算法的拆卸线平衡多目标优化[J]. 计算机多目标制造系统,2009,15(7):1406-1429.

[277] 李小林,张松,陈华平. 考虑分时电价的多目标批调度问题蚁群算法求解[J]. 中国管理科学,2014,22(12):56-64.

[278] 李琳,刘士新,唐加福.B2C 环境下带预约时间的车辆路径问题及多目标优化蚁群算法[J].控制理论与应用,2011,28(1):87-93.

[279] ZAJAC P. The idea of the model of evaluation of logistics warehouse systems with taking their energy consumption under consideration[J]. Archives of Civil and Mechanical Engineering, 2011,11(2):479-492.

[280] LI H Q, LU Y, ZHANG J,et al. Trends in rosd freight transportation carbon dioxide emissions and policies in China[J]. Energy Policy,2013(57):99-106.

[281] ELHEDHLI S, MERRICK R. Green supply chain network design to reduce carbon emissions[J]. Transportation Research Part D, 2012,17(5) : 370-379.

[282] XIAO Y Y, ZHAO Q H, KAKU L, et al. Development of a fuel consumption optimization model for the capacitated vehicle routing problem[J]. Computers & Operations Research,2012, 39(7): 1419-1431.

[283] BEKTAS T, LAPORTE G. The pollution-routing problem[J]. Transportation Research Part B: Methodological, 2011, 45(8):1232-1250.

[284] BALLOT E, FONTANE F. Reducing transportation CO_2 emissions through pooling of supply networks: Perspectives from a case study in French retail chains[J]. Production Planning & Control, 2010, 21(6): 640-650.

[285] FIGLIOZZI M A. The impacts of congestion on time-de-finitive urban freight distribution networks CO₂ emission levels: Results from a case study in Protland, Oregon[J]. Transportation Research Part C,2011(19):766-778.

[286] 李进,傅培华. 具有固定车辆数的多车型低碳路径问题及算法[J]. 计算机多目标制造系统,2013,19(6):1351-1362.

[287] 李进,张江华. 碳交易机制对物流配送路径决策的影响研究[J]. 系统工程理论与实践,2014,34(7):1779-1787.

[288] 李进,张江华. 基于碳排放与速度优化的带时间窗车辆路径问题[J]. 系统工程理论与实践,2014,34(12):3063-3072.

[289] 李进. 基于可信性的低碳物流网络设计多目标模糊规划问题[J]. 系统工程理论与实践,2015,35(6):1482-1492.

[290] 许茂增,余国印,周翔,等. 综合成本最小的低碳车辆调度问题及算法[J]. 计算机多目标制造系统,2015,21(7):1906-1914.

[291] 吴义生,白少布. 面向网购的低碳供应链设计面向及其应用分析[J]. 控制与决策,2015,30(4):655-662.

[292] 赵泉午,杨茜. 考虑CO₂排放量的城市转移物流中心选址研究[J]. 中国管理科学,2014,22(7):124-130.

[293] 康凯,赵靖环,张敬,等. 碳限额与交易机制下易变质产品供应链的生产库存控制策略研[J]. 工业工程与管理,2016,21(4):74-79.

[294] 杨珺,卢巍. 低碳政策下多容量等级选址与配送问题研究[J]. 中国管理科学,2014,22(5):51-60.

[295] 戢守峰,唐金环,蓝海燕,等. 考虑选址—路径—库存联合优化的碳排放多目标模型与算法[J]. 管理工程学报,2016,30(3):224-231.

[296] DEMIRA E, BEKTAS T, LAPORTE G. A comparative analysis of several vehicle emission modles for road freight transportation[J]. Transportation Research Part D,2011,6(5):347-357.

[297] 刘慧,杨超,杨珺. 基于成本—碳排放权衡的物流网络设计问题研究[J]. 工业工程与管理,2013,18(5):61-73.

[298] DEB K, PRATAP A, AGARWAL S, et al. A fast and elitist multiobjective genetic algorithm: NSGA-II[J]. IEEE Transactions on Evolutionary Computation, 2002, 6(2):182-197.

[299] ABHISHEKA K, CHATTERJEEA S, DATTAA S, et al. Application of NSGA II for optimization of multi-performance characteristics during machining of GFRP (epoxy) composites[J]. Materials Today: Proceedings, 2015(2): 2353-2358.

[300] CARLUCCI S, CATTARIN G, CAUSONE F, et al. Multi-objective optimization of a nearly zero-energy building based on thermal and visual discomfort minimization using

anon-dominated sorting genetic algorithm (NSGA-Ⅱ) [J]. Energy and Buildings，2015 (104)：378-394.

[301] SADEGHI J，SADEGHI S，NIAKI S T A . A hybrid vendor managed inventory and redundancy allocation optimization problem in supply chain management：An NSGA-Ⅱ with tuned parameters[J]. Computers & Operations Research,2014 (41)：53-64.

[302] MOLINA J C，EGUIA I，RAVERO J，et al. Multi-objective vehicle routing problem with cost and emission functions[J]. Procedia-Social and Behavioral Sciences，2014(106)：254-263.

[303] KNOWLES J D,COME D W. Approximating the nondominated front using the pareto archived evolution strategy[J]. Evolutionary Computation,2000,8(2)：149-132.

[304] 刘荣辉,王斌斌,郑建国.分步交叉差分进化算法及仿真应用[J].系统仿真学报，2013,25(7)：1549-1553.

[305] BANDYOPADHYAY S，BHATTACHARYA R. Solving a tri-objective supply chain problem with modified NSGA-Ⅱ algorithm[J]. Journal of Manufacturing Systems,2014 (33)：41-50.

[306] NING Z，CHAN T L. On-road remote sensing of liquefied petroleum gas (LPG) vehicle emissions measurement and emission factors estimation[J] Atmospheric Environment,2007，41(39)：9099-9110.